KB064509

나무 심는 CEO

나무 심는 CEO

미래 경영에 자연의 가치를 심다

고두현 지음

더숲

많은 책을 읽는 것은
나무를 한곳에 모으는 것과 같다.
그 나뭇더미에 불을 지르는 것은 단 하나의 문장이다.

– 존 파이퍼

들어가는 말

될성부른 나무는 부름켜부터 다르다

대들보 인재 키우는 법과 생태 경영 노하우

나뭇가지는 하늘을 향한 고성능 안테나다. 두 팔을 힘껏 벌리고 섬세한 촉수로 지혜의 빛을 잡아낸다. 광합성 과정에서 새로운 영감을 포착하면 푸른 잎사귀를 차르르 흔든다. 그럴 때 나무의 두 발은 더 깊은 땅속으로 뿌리를 뻗는다.

대지에 발을 딛고 서서 우주로 팔을 벌린 형상이 나무[木]다. 그 밑동에 한 일(一) 자를 받치면 세상의 근본[本]이 된다. 나무는 이렇게 평면과 입체의 경계를 넘나들며 지상과 천상을 연결한다.

나무는 뛰어난 인재(人材)를 의미한다. 목조건축이나 기구를 만드는 데 쓰는 나무를 재목(材木)이라고 한다. 이는 또한 '어떤 일을 할 수 있는 능력을 갖췄거나 어떤 직위에 합당한 인물'을 가리킨다. 예부터 될성부른 떡잎과 들보로 쓸 만한 동량(棟梁)을 나무에 비유했다.

나무는 성장을 의미한다. 파종부터 발아, 개화, 결실까지 지속가능한 성장의 표본이다. 친환경 성장까지 포함하는 개념이다. 이는 생태 경영과 녹색 경영, 미래 경영의 핵심 화두이기도 하다.

떡잎부터 나이테까지 결정짓는 '부름켜 경영'

나무가 가장 바쁜 시기는 봄부터 초여름까지다. 날마다 새순을 밀어 올리느라 쉴 틈이 없다. 줄기를 살찌우며 몸집을 키우는 것도 이때다. 새로운 세포로 줄기나 뿌리를 굵게 만드는 식물의 부위를 부름켜라고 한다. '불어나다'의 어간인 '붇'과 명사형 '음', 층을 뜻하는 '켜'가 합쳐진 순우리말이다. 형성층(形成層, cambium)이라고도 한다.

부름켜는 나무줄기의 물관과 체관 사이에 있다. 물관은 뿌리에서 흡수한 물과 양분을 보내는 길이고, 체관은 잎에서 만든 영양분을 줄기와 뿌리로 보내는 길이다. 두 갈래 길 사이에 있는 부름켜는 나무의 성장과 생육 속도에 결정적인 영향을 미친다. 나무와 달리 풀에는 부름켜가 없어 줄기가 가늘고 잘 휘어진다.

부름켜는 나무 안쪽에 목재를 만들고 바깥쪽에는 껍질을 만든다. 봄과 여름에는 세포 분열이 활발하기 때문에 크고 연한 세포를 많이 생성한다. 식물 호르몬도 그만큼 왕성하게 분비한다. 가을에는 호르몬 분비가 줄어 세포가 작고 단단해진다. 이 두 세포층이 줄기 안에서 겹겹이 교차하며 매년 만들어 내는 경계가 바로 나이테(연륜)다.

겨울에는 어떤가. 나무는 추위가 닥치기 전에 '떨켜'를 준비하며 스스로 잎을 떨어뜨린다. 떨켜는 잎이 떨어진 자리에 생기는 세포층을 말한다. 떨켜 아래에는 보호막이 있어 외부 병균이 침입하지 못하도록 막아 준다. 줄기의 수분이 잎으로 빠져나가는 것을 막는 역할도 한다. 나무가 혹한기에 살아남기 위해서는 떨켜를 통해 몸통을 지키고 힘을 비축하는 과정이 꼭 필요하다.

자세히 살펴보면 잎이 지는 데에도 차례가 있다. 성장호르몬 분비가 끝나는 순서에 따라 가장 먼저 돋아난 잎이 가장 늦게 떨어지고, 가장 늦게 돋은 잎이 제일 먼저 떨어진다. 신기한 일이다. 이런 관점에서 보면 오 헨리 소설 〈마지막 잎새〉는 지난 봄 맨 먼저 나온 잎일 가능성이 높다.

미래형 ESG 경영과 젊은층의 ESG 감수성까지

나무는 이처럼 봄여름에 부름켜로 성장을 촉진하고 열매를 준비하며, 가을에는 최소한의 에너지로 혹한을 견디도록 잎을 떨군다. 사람 사는 일과 기업 경영, 국가 경영도 다르지 않다. 한창 생장하며 파이를 키워야 할 때와 구조조정으로 군살을 빼고 살아남아야 할 때를 구분할 줄 알아야 한다. 부름켜와 떨켜가 상처를 입으면 온몸이 위험해진다. 자칫하면 숲 전체가 폐허로 변한다.

요즘 경제 · 경영계의 최대 관심사인 ESG 경영이나 녹색 경영도 마찬가지다. ESG는 기업이 친환경(Environment)과 사회적(Social) 책임에 앞장서며, 지배구조(Governance) 개선 등 투명 경영을 철저히 준수하는 것을 말한다. 이제는 개별 기업을 넘어 한 국가의 성패를 가를 키워드로 부상했다. 이것을 잘 활용하고 소비자 가까이 다가가는 방법도 부름켜와 떨켜의 원리를 닮았다. 성장과 내실의 균형이 깨어지면 나무의 건강 상태가 나빠진다.

소비자 트렌드는 우리가 생각하는 것보다 훨씬 빨리 변한다. 젊은 소비자일수록 더 그렇다. 한 설문조사 결과를 보면 MZ 세대의 74퍼센트가 "기업의 지속적인 발전을 위해 친환경 정책 수립과 활동이 필수"라고 응답했다. 이들의 ESG 감수성이 기업 마케팅의 방향까지 바꾸고 있다.

한동안은 친환경 이벤트의 하나로 에코백과 텀블러를 내놓는 기업이 많았다. 하지만 요즘 소비자들은 이런 것을 반기지 않는다. 일회성 이벤트의 가벼움 때문에 기업의 신뢰성을 의심하기도 한다. 잘못하면 그린 워싱(위장환경주의) 논란에 휩싸일 수도 있다. 그러니 제품 기획 단계부터 소비자의 ESG 감수성에 맞는지를 깊이 고민해야 한다.

______ 시성(詩聖) 괴테의 뿌리도 '식물의 인문·과학'

독일 문호 괴테는 소설 《젊은 베르테르의 슬픔》으로도 유명하지만, 1만 2,000행으로 이뤄진 장시 《파우스트》 등 많은 명시를 남긴 시성(詩聖)이다. 그의 시적 감수성은 어릴 때 관심을 가진 식물학에서 싹텄다. 나무와 숲을 유난히 좋아한 그는 온갖 뿌리와 줄기, 잎, 꽃이 변하는 모양을 관찰하고 스케치했다. 요즘도 컴퓨터로 확대해야 보이는 미세한 잎맥까지 그려 냈다.

《식물변형론》이라는 책에서는 식물 잎의 변화를 세분화하고 '꽃을 이루는 기관은 잎이 변해서 만들어졌다'는 것을 밝혔다. 이런 노력 덕분에 그의 이름을 딴 '괴테 식물(Goethe plant)'이 등장했다.

그는 이런 식물의 인문 · 과학 정신을 시로 융합해 냈다. 그러면서 “다들 과학이 시에서 태어났다는 것을 잊어버리고, 시대가 바뀌면 두 분야가 더 높은 차원에서 친구로 만날 수 있다는 사실을 내다보지 못한다”고 말했다. 시와 과학을 접목한 그의 사상은 근세 서양철학과 음악, 미술의 자양분이 되었다. 헤겔과 쇼펜하우어 등의 사상가, 모차르트 · 베토벤 · 슈베르트 등의 음악가, 세잔 · 모네 같은 화가들도 그에게서 영감을 받았다.

괴테는 독일을 대표하는 대문호이면서 바이마르 공국의 재상 자리에서 나라를 이끈 국가경영자이기도 했다. 이 모든 것이 식물의 생태인문학에서 시작됐으니, 나무와 숲에서 얻은 영감과 지혜가 얼마나 소중한지 모른다.

테슬라, 나무 아래 시 암송하다 ‘전기 혁명’ 영감

또 하나. 20세기의 천재 전기공학자 니콜라 테슬라도 나무 아래에서 엄청난 영감을 얻었다. 어느 날 그는 퇴근길에 공원의 나무 아래를 거닐며 괴테의 시를 암송하다가 자기장과 교류 발전에 관한 아이디어를 떠올렸다. 《파우스트》의 ‘날개가 있어 밤을 따라갈 수만 있다면’ 구절을 읊조리는데 ‘그래, 태양처럼 전류를 먼 곳까지 보낼 수 있는 교류 발전기를 만들면 얼마나 좋을까’라는 생각에 이르게 된 것이다. 이때의 나무야말로 ‘전기

혁명'의 번뜩이는 아이디어를 제공한 영감의 안테나다. 그 테슬라의 이름이 전기자동차와 우주산업의 신기원을 열고 있는 일론 머스크의 회사 이름으로 이어지고 있으니 더욱 놀라운 일이다.

그러고 보니 종이책의 재료도 나무다. 활자와 여백 사이에서 반짝이는 부싯돌로 우리 영혼의 불빛을 밝혀 주는 나무! 그 빛이 우리 내면의 땔감에 불을 붙이고, 상상력의 예각을 넓혀 주기도 한다. 미국 신학자 존 파이퍼는 그 과정을 이렇게 멋진 말로 표현했다.

"많은 책을 읽는 것은 나무를 한곳에 모으는 것과 같다. 그러나 그 나뭇더미에 불을 지르는 것은 단 하나의 문장이다."

참으로 절묘한 표현이다. 우리가 읽는 수많은 책 속에는 '나뭇더미에 불을 지르는 단 하나의 문장'이 곳곳에 숨겨져 있다. 다만 그것을 언제 발견할지 모른다. 그래서 우리는 푸른 잎을 흔드는 나뭇가지로 안테나를 세우고 행운의 소리에 귀를 기울인다.

이 책이 나오기까지 많은 시일이 걸렸다. 오랜 글벗인 김기중 더숲출판사 대표와 신선영 주간의 속 깊은 배려에 특별히 감사드린다. 각각의 원고 끝에 '나무 심는 CEO를 위한 책'을 덧붙이는 과정에서도 두 분과 김보경 낭독모임 봄봄 대표의 세심한 도움을 받았다. '경영학의 거목'인 최종학 서울대학교 경영대학 교수는 아주 특별한 추천사로 힘을 북돋워 주었다. 활자와 여백 사이를 함께 걸어온 우리의 우정이 나무와 나무, 숲과 숲으로 이어져 이토록 울창하다.

이제 많은 나무를 한곳에 모으는 작업은 마무리됐다. 여기에 불을 지르는 단 하나의 문장은 어디에 있을까? 눈 밝은 독자들의 고성능 안테나가 움직여 주길 기대하는 마음 간절하다.

차례

1장

2장

3장

4장

1장

대들보가 될 재목과 록스타 원칙

인재

흥선대원군이 경복궁을 중건할 때 대들보로 쓸 만한 나무가 없어서 애를 먹었다고 한다. 전국을 뒤진 끝에 강원 삼척 사금산(四金山)과 삼방산(三方山)에서 대들보감을 찾아냈다.

다행히 삼척에는 벌채를 금지한 봉산(封山)이 많아 산림이 울창했다. 몇 아름이나 되는 노송도 많았는데, 이런 소나무를 황장목(黃腸木)이라고 했다. 황장목은 목질 부분이 누런색을 띨 정도로 송진이 풍부하고 좀처럼 갈라지거나 썩지 않는다. 크기도 장대하다. 100미터 거리에서 30~40센티미터 정도 눈앞에 담뱃대를 대고 보았을 때 가려지지 않을 정도다.

당시 삼척 사람들은 정성스레 베어 낸 황장목을 도끼로 다듬어 충남 덕산 앞바다까지 운반했다. 직경이 6자(1.8미터), 길이가 60자(18미터) 이상이었다고 한다. 장정 300여 명이 70리 길을 보름 이상 걸려 운반했다니 얼마나 무거웠을까 싶다.

소나무에 대한 이야기는 여러 곳에서 전해진다. 우리나라에서 가장 오래되고 우수한 목조건축물인 안동 봉정사 극락전과 영주 부석사 무량수전에도 이렇게 튼실한 소나무를 대들보로 썼다. 현대에 들어 광화문과 숭례문을 복원할 때에는 황장목만한 소나무가 드물어 지름 1미터, 길이 20미터 정도의 금강송 특대목을 사용했다.

우리나라 소나무는 연교차가 30도에 육박하는 기후 때문에 목질이 튼튼하고 습기를 덜 먹는다. 춥고 척박한 땅에서 자란 소나무일수록 내구성이 뛰어나다. 소나무 목재는 세월이 흐를수록 단단해지고 멋스럽기도 하다. 그래서 소나무는 귀한 건물의 대들보로 안성맞춤이다.

대들보는 기둥과 기둥 사이에 건너지르는 큰 들보를 가리킨다. 건물 중앙의 힘을 받쳐 주는 가장 중요한 구조물이므로 나무도 제일 좋은 것을 사용해야 한다. 그래서 소나무 중 가장 튼실하고 잘생긴 것을 고른다.

큰 재목이 될 만한 인물을 동량지재(棟梁之材)라고 부르는데, '마룻대(용마루) 동(棟)'에 '들보 량(梁)'이니 건물의 힘을 가장 크게 지탱하는 뼈대와 같다는 것이다. 한자로 들보 량(梁)은 물 위에 걸쳐 놓은 나무, 즉 다리를 뜻한다. 교량(橋梁)이라는 한자말도 여기에서 나왔다. 물의 이편과 저편을 가로지르는 다리처럼 가로축의 힘을 가장 크게 받는 게 대들보다. 주춧돌 위에 기둥을 세우고 중앙에 대들보를 달아 올리면 건물의 골격이 완성된다. 요즘으로 치면 콘크리트 골조가 완성되고 이후 내부 공사가 시작되는 것이다.

대들보의 중요성을 보여 주는 옛말도 많다. '기와 한 장 아끼려다 대들보 썩힌다'는 말은 사소한 것을 아끼다 낭패 보는 어리석음을 빗댄 것이다. '노랫소리가 3일이나 사라지지 않고 대들보를 두르고 있다'는 요량삼일(繞梁三日)은 매우 아름다운 노랫소리를 의미한다.

손자병법 36계에 나오는 투량환주(偷梁換柱, 대들보를 훔치고 기둥을 바꾼다)는 겉을 그대로 두고 본질을 바꿔 놓음으로써 승리하는 전략이다. 대들보 위의 도둑을 점잖게 부르는 양상군자(梁上君子) 또한 유명하다.

이처럼 중요한 대들보를 올리는 의식이 바로 상량식(上梁式)이다. 안전과 번영을 기원하는 글을 새겨 넣고, 떡과 술을 준비해 고사를 성대히 지내는데, 이때 龍(용)자와 龜(구)자를 함께 새긴다. 용과 거북이 '물의 신'이어서 화재를 막을 수 있다고 믿었기 때문이다.

2015년 서울 잠실의 롯데월드타워 123층에 올린 대들보에도 龍(용)과 龜(구)자가 새겨져 있다. 7미터 길이의 철골 대들보에는 일반 시민들의 소망도 함께 적혔다. 오복을 내려 달라는 옛 문구와 달리 '대학 가게 해주세요' '연애하게 해주세요' '스트레스 안 받고 건강하고 행복하게' 등 애교 섞인 문구가 많아 시대 변천을 실감케 했다. 국내 최고층 건물의 대들보가 착공 5년 2개월 만에 올랐으니 상량식 주제가 '가장 위대한 순간'이라고 할 만했다.

MS와 넷플릭스를 키운 대들보 인재들

첨단산업 시대의 대들보 인재는 어떤 유형일까.

컴퓨터 소프트웨어 개발 붐이 한창이던 1968년, 미국 캘리포니아주 남서부 도시 샌타모니카에서 흥미로운 실험이 진행되었다. 실험을 준비한 연구진은 컴퓨터 프로그래머 아홉 명에게 코딩 등의 문제를 두 시간 안에 풀도록 했다. 그러면서 1등과 꼴찌 사이에 2~3배 정도의 실력 차이가 있을 것으로 예상했다. 그런데 결과는 놀라웠다. 1등과 꼴찌의 차이가 코딩 부문에서 20배나 벌어졌다. 오류를 찾아 수정하는 디버깅에서는 25배로 벌어졌다. 프로그램 실행에서도 10배나 차이가 났다.

이런 경우처럼 탁월한 능력을 갖춘 인재 한 명이 월등히 높은 성과를 내는 것을 '록스타 원칙'이라고 부른다. 여기서 록스타는 유명한 뮤지션만 가리키는 게 아니라 '대단한 사람'이나 '독보적인 인물'이라는 뜻으로 사용된다.

이 실험이 진행된 뒤로 소프트웨어업계에서는 보통의 엔지니어 10~25명을 고용하는 것보다 한 명의 록스타를 거액으로 스카우트하는 게 더 낫다는 믿음이 빠르게 확산되었다. 마이크로소프트(MS) 창업자 빌 게이츠가 "탁월한 소프트웨어 개발자 한 명은 1만 명 이상의 역할을 해낸다"고 말한 것도 여기에 근거를 두고 있다. MS에서 중역으로 일했던 리드 헤이스팅스도 이 점을 중요하게 여겼다. 그는 인터넷(net)과 영화(flicks)를 결합한 넷플릭스를 1997년 창업할 때 이 원리를 그대로 적용했다. 그 결과 넷플릭스는 20여 년 만에 최고의 엔터테인먼트 기업으로 우뚝 설 수 있었다.

넷플릭스의 공동 CEO인 헤이스팅스는 인재평가 방식에도 록스타 원칙을 적용했다. 6개월에 한 번씩 하는 키퍼 테스트가 대표적이다. 키퍼 테스트는 부하직원이 그만둔다고 했을 때 계속 같이 일하도록 지킬 사람인지, 그만둔다고 할 때 좋아해야 할 사람인지를 중간관리자들이 평가하는 것이다. 실력이 부족하면 두둑한 퇴직금을 주고 내보낸다. 회사는 가족이 아니라 프로스포츠팀이기 때문이다.

넷플릭스는 2001년 닷컴 버블이 붕괴했을 때 직원 120명 중 40명을 해고했다. 그런데 놀랍게도 남은 80명이 이전보다 일을 더 잘하고 성과도 뛰어났다. 2002년 1억 5,000만 달러였던 매출이 7년 뒤 17억 달러로 상승했다. 이른바 인재의 밀도가 높아졌기에 이룩한 성과였다.

물론 이런 원칙이 모든 기업에 통용되는 것은 아니다. 제조업보다는 개인의 창의성이 한층 중시되는 정보기술 분야에 더 어울린다. '2019년 가장 높이 평가받는 기업' 1위에 오른 넷플릭스의 회원수는 2020년에 2억 명을 돌파했다. 그 비결에 대해 공동 CEO인 리드 헤이스팅스는 "록스타 원칙으로 인재 밀도를 높인 덕분"이라고 설명했다.

인재의 밀도를 높여온 넷플릭스는 이제 또 다른 밀도를 높이기 위해 이렇게 선언했다. "앞으로 우리의 경쟁상대는 인간의 수면시간이다." 이 대담한 발상에 놀란 업계는 "이젠 넷플릭스를 보지 말고 읽어라"라고 말한다. 경외심과 경계심 속에서 넷플릭스가 향하고 있는 방향을 주시하고 있다.

나무 심는 CEO를 위한 책

적재적소와 적지적수

《세상의 나무》, 라인하르트 오스테로트 지음

《세상의 나무》는 나무에 얽힌 갖가지 이야기와 생태 기록을 담은 책이다. 나무는 집과 건축이 되고, 스트라디바리우스 바이올린이 되며, 목판화와 조각 작품이 된다. 범선이나 땔감이 되기도 하며, 기후를 조절하고, 사람의 몸과 마음까지 치유해 준다.

나무의 쓰임새를 말할 때 자주 쓰는 사자성어가 적재적소(適材適所)다. 쓰임새 있는 나무를 알맞게 사용한다는 뜻이다. 인재를 알맞은 자리에 앉힌다는 의미로 인사 전문가들이 가장 중시하는 철칙이기도 하다.

나무는 젖었다 마르기를 반복하며 늘 제자리에서 자기에게 맞는 임무를 묵묵히 수행한다. 비가 오면 스스로 수분을 흡수해 팽창하고, 햇볕과 바람의 도움으로 물기가 마르면 다시 수축하는 것이다. 이렇듯 나무는 적재적소와 함께 적지적수(適地敵樹,

알맞은 땅에 알맞은 나무), 재재소소(在在所所, 여기저기)의 원칙까지 제 몸으로 보여 준다.

나무의 이런 면모에서 알 수 있듯이 적재적소든, 적소적재든, 재재소소의 인재들이 적지적수해야 자신들의 진짜 능력을 발휘할 수 있다.

이와 관련해 인사 분야의 내로라하는 전문가들이 공저한 《적소적재》(유규창, 이혜정 지음)도 참고할 만하다. 이들은 자리가 사람을 만드는 시대가 저물고, 변하는 직무에 맞게 창조적인 인재를 골라서 쓰는 시대가 도래했다고 말한다. 그러면서 이를 직무주의라고 명명한다.

결국 세상의 나무만큼이나 많은 인재들을 저마다 어떻게 적절히 활용하느냐가 중요하다. 경영자로서는 획일적인 잣대를 들이대지 말고 다양한 재목들의 장단점을 두루 살펴볼 일이다. 대들보가 될 나무든, 서까래가 될 나무든 나름대로 쓰임이 다 있기 때문이다. 그래서 인사(人事)가 만사(萬事)라고 한다.

호르메시스 효과와 다빈치의 '거꾸로 발상'

역발상

약초와 독초는 한 뿌리에서 나온다는 말이 있다. 똑같은 풀이지만 쓰임에 따라 사람을 살리기도 하고 죽이기도 한다. 투구꽃의 덩이뿌리인 부자(附子)는 조선시대에는 한약재로 활용되었지만, 독성이 너무 강해 사약으로도 쓰였다. 독의 양에 따라 삶과 죽음이 왔다 갔다 했다.

독성학의 아버지로 불리는 스위스 의학자 파라셀수스는 500년 전 "어떤 물질이 독이 될지 약이 될지 여부는 용량에 달려 있다"고 말했다. 이를 실험 과정에서 확인하고 호르메시스(hormesis, 자극)라는 용어로 개념화한 것은 독일 약리학자 후고 슐츠다. 그는 1888년에 소량의 독성이 효모의 성장을 촉진시킨다는 사실을 우연히 발견했다. 20세기 들어 미국 학자 에드워드 캘러브레스가 페퍼민트 식물 연구에서 이 효과를 입증했다. 페퍼민트의 성장을 억제하기 위해 포스폰을 투여했더니 성장이 억제되는 것이 아니라 오히려 정상적인 식물보다 40퍼센트나 더 크고 잎도 무성해졌다. 호르메시스 효과는 건강 분야에 다양하게 활용되고 있다. 적은 양의 독성이 인체에 유익하다는 연구 결과도 잇따르고 있다. 마늘에 함유된 알리신과 카레에 들어 있는 커큐민, 블루베리 속의 폴리페놀 등은 독소인데도 몸속 세포를 자극하면서 면역력을 키운다. 천연독소인 보톨리눔을 활용한 보톡스도 호르메시스 효과의 한 예다.

최근에는 복어의 독을 이용한 진통제와 치료약 개발이 한창이다. 일제강점기에 의친왕이 독성 강한 비상(砒霜)을 조금씩 먹으며 독살의 위험에 대비했다는 얘기도 전해진다. 알코올 또한 적정량일 때에는 우리 몸에 이롭다. 분당서울대병원 배희준 교수팀이 미국신경학회 학술지에 발표한 논문에 따르면, 하루 3~4잔의 소주가 뇌졸중 예방효과를 46퍼센트나 높이는 것으로 나타났다. 현미와 통곡물을 둘러싼 논쟁도 흥미롭다. 어떤 학자는 식물의 껍질 속에 있는 자기방어용 화학물질인 렉틴이 위장에 염증을 일으키고 소화를 방해한다고 주장한다. 하지만 독일 진화생물학자 리하르트 프리베는 "염증 유발 요인보다 항암, 면역증강 등 긍정적인 역할이 크고 몸속의 독성물질을 배출하는 효과까지 있다"며 통곡물을 옹호한다.

스트레스 역시 심신을 이롭게 해준다고 한다. 적절한 압박과 자극이 생체의 재생 메커니즘을 작동시켜 세포에 활력을 준다는 것이다. 물론 중요한 점은 최적의 용량이다. 니체도 "우리를 죽이지 못하는 것은 우리를 더 강하게 만든다"고 했다.

다빈치의 창의성은 거울형 글쓰기에서 나왔다

르네상스형 인간의 상징으로 꼽히는 레오나르도 다빈치는 왼손잡이였다. 글을 쓸 때 오른쪽에서 왼쪽으로, 글자를 좌우로 뒤집어서 썼다. 본인만 알아볼 수 있는 그의 글은 거울에 비춰 봐야 해독할 수 있었다. 이런 필기 형태를 사람들은 거울형 글쓰기(mirror writing)라고 불렀다.

왜 그랬는지는 설(說)이 분분하다. 왼쪽으로 쓰면 오른손에 잉크가 묻지 않아 좋다는 설, 어릴 때 장난삼아 했던 글쓰기 버릇이 이어졌다는 설, 정보 은폐 의도로 보는 견해도 있다. 우주의 비밀을 담은 것이라는 소문까지 있었다. 그가 세상을 떠난 지 270여 년이 지난 뒤 나폴레옹은 다빈치의 유작 노트들을 파리로 가져갔다. 오랫동안 분석한 결과 거울 글씨의 내용을 판독했는데, 비밀 기록이라는 수수께끼설은 근거가 없는 것으로 밝혀졌다. 그런데도 의문은 남았다. 다빈치의 특이한 글쓰기에는 어떤 심리적 배경이 깔려 있었던 것일까.

학자들은 그의 글쓰기를 남다른 발상법과 연관 짓는다. 우선은 '거꾸로 쓰기'와 역발상의 연관성이다. 남과 다르게 뒤집어보는 다빈치의 사고법은 그의 예술 세계 전반을 아울렀다. 지동설이 등장하기 전에 이미 '태양은 움직이지 않는다'고 쓴 그의 우주관도 여기에서 비롯되었다. 당시에 금기로 여기던 인체 해부와 자궁 속 태아 관찰도 다빈치 특유의 역발상에서 나온 것이라고 한다. 그는 모든 분야에서 뛰어난 재능을 발휘했지만 끈기는 부족했다. 대형 기마상을 만들다가 금방 신형 대포를 제작하고, 얼마 안 가 새로운 물감을 개발하는 등 딴짓을 했다. 거대한 대리석을 얻고도 쉴 새 없이 아이디어가 밀려오는 바람에 방치하다가 미켈란젤로에게 뺏기기도 했다. 이는 여러 가지를 동시다발적으로 생각하는 입체사고의 한 전형이다.

끊임없는 실험적 사고도 그의 특징이다. 〈최후의 만찬〉에서는 기존 방식과 달리 물감을 벽에 칠하고 열로 녹이는 템페라 기법을 도입했다. 이 방식은 디테일을 묘사하는 데에는 도움이 되었지만 지속성이 없어 결국 색이 바래고 말았다. 그런데도 그의 실험 정신은 그칠 줄 몰랐다. 〈인체비례도〉를 그릴 때는 고대 이론을 받아들이지 않고 사람 몸을 눈금자로 실측하며 완성했다. 기하학적 관점과 수학적 계량화는 자동차 · 비행선 · 헬리콥터 · 잠수함 · 대포 설계로 이어졌다. '위대한 설계자'라는 그의 업적은 이런 사고력의 확장에서 나왔다. 우리 주변에도 거울글씨에 능한 사람이 있는지 돌아볼 일이다.

나무 심는 CEO를 위한 책

조화로운 치유의 식물, 약방의 감초

《한약 독성학 1》, 이선동·박영철 지음

한의사와 독성학자가 공저한 《한약 독성학 1》에는 감초(甘草) 등 11가지 한약재의 독성 연구 결과가 실려 있다. 그런데 약방의 감초도 남용하면 독이 될 수 있다니 호기심이 부쩍 당긴다.

감초가 독이 될 수 있는 것은 과잉섭취 때문이다. 자칫하면 급성신장손상이나 혈관 내 코르티솔 증가로 인한 고혈압을 초래한다. 근육 손실과 성 기능장애를 일으키기도 한다. 과학자들의 토론장인 BRIC 웹사이트에 따르면, 스테로이드 호르몬 과잉 유발로 근육을 부풀리거나 기력 회복의 단기 효과를 노리는 오남용 사례에도 감초가 등장한다.

감초는 전통적인 해독제로 알려져 있다. 조선 왕들은 독이 든 음식에 노출되었을 때 감초와 서리태를 섞어 달인 감두탕(甘豆湯)을 복용했다. 인조와 경종이 여러 차례 감두탕을 처방받아 복용한 기록이 승정원 일기에 전해지고 있다(《조선왕조 건강실

록》(고대원 외 공저)).

감초의 효능은 아주 옛날부터 민간에 전해져 왔다. 왕진으로 자리를 비운 의원이 돌아오기를 기다리던 병자들에게 의원의 아내가 멋모르고 감초를 나눠줬는데 신기하게도 병이 다 나았다고 한다.

이 신기한 풀이 '약방의 감초'로 불리는 것은 서로 다른 약재들을 조화시키는 촉매 역할을 하고, 특유의 단맛[甘]으로 쓴맛을 중화시키기 때문이다. 감초는 모든 약의 독성을 조화시켜서 약효가 잘 나타나게 하고, 혈맥의 소통을 돕고 근육과 뼈를 튼튼히 한다고 한다.

한의원에서는 성인 남성의 하루 복용량으로 8~10그램 정도 처방한다고 한다. 하지만 의사 처방이나 사전 지식 없이 맛이 달다고 너무 많이 먹으면 해독이 아니라 해악을 부를 수 있다. 한방의 치유 원리는 몸의 조화와 균형을 찾아주는 것이다. 그중에서도 감초는 약효와 독성의 절묘한 조화를 이루는 식물이다.

스트라디바리우스의 명기(名器)는 왜 다른가

명품

악마의 바이올리니스트 파가니니는 현란한 기교로 청중을 매료시켰다. 명성이 하늘을 찌를 듯하자 그를 시기하는 사람들이 "명품 바이올린 스트라디바리우스 덕분일 뿐"이라며 비아냥거렸다. 어느 날 그는 모양이 똑같은 가짜 스트라디바리우스를 들고 무대에 올랐다. 연주가 끝나자 우레와 같은 박수가 터져 나왔다. 지켜보던 그는 바이올린을 내팽개치고 밟아 부숴버렸다.

이 일화는 파가니니의 뛰어난 실력을 강조하는 얘기지만, 역설적으로 스트라디바리우스가 얼마나 명기(名器)인지를 보여 준다. 300여 년 전 이탈리아 명장 안토니오 스트라디바리가 만든 이 '신의 현악기'는 부드러우면서 우아하고 날카로우면서도 명징한 선율로 낭만과 슬픔, 정열의 음색을 동시에 표현할 수 있다. 그래서 전 세계 바이올리니스트들이 선망하는 제1의 악기가 되었다. 신비로운 소리의 비밀이 밝혀진 것은 얼마 전이다. 1645~1715년 극심한 한파가 이탈리아를 강타했는데 이 과정에서 성장이 느려진 나무의 촘촘한 나이테 덕분에 미묘한 깊은 음색이 나올 수 있었다는 것이다. 이 사실은 2012년 스위스의 한 연구진에 의해 밝혀졌는데, 한파 속에서 자란 나무처럼 탄성을 높여 주는 곰팡이균 배양액을 단풍나무와 가문비나무에 넣고 9개월간 번식시킨 뒤 그 나무로 바이올린을 만든 것이다. 결과는 놀라웠다. 블라인드 테스트에 참가한 전문가들이 진품 스트라디바리우스와 구분하지 못했고 이 실험의 성공이 세상에 알려지면서 화제를 모았다.

재료만 좋다고 명품이 되는 것은 아니다. 스트라디바리만의 심미안과 섬세한 감각, 고도의 기술이 있었기에 가능했다. 그는 90 평생에 1,000여 개의 명품 악기를 만들었다. 이 중 바이올린 540개, 비올라 12개, 첼로 50개 등 약 800개가 남아 있다. 이츠하크 펄먼이나 정경화 등 많은 세계적 연주자들이 그의 악기로 연주했다. 워낙에 고가여서 웬만한 연주자들은 구입할 엄두도 못 낸다. 2011년 영국 시인 바이런의 손녀가 소유했던 스트라디바리우스는 980만 파운드(약 160억 원)에 팔렸다. 2010년 뉴욕 경매에서 360만 달러(약 44억 원)에 팔린 것도 있지만 경매에 나오는 물품이 거의 없을 정도로 희소하다.

그래서 음악재단이나 예술후원자들이 보유하고 이를 재능 있는 예술가에게 장기 대여해 주는 것이 관행이다. 2010년 런던에서 도난당했다가 3년 만에 되찾은 김민진의 21억 원짜리 바이올린도 그의 재능에 반한 영국 음악애호가가 영구임대해 준 것이다. 샌드위치를 사던 그에게서 악기를 훔친 범인들은 붙잡혔지만 악기 행방이 오리무중이었는데, 공범들이 가치를 모르고 인터넷에서 단돈 100파운드(약 17만 원)에 처분하려 했다고 한다.

이면에 숨겨진 가치로 브랜드 효과를 높여라

몇 년 전의 일이다. 워싱턴의 지하철역에서 세계적인 바이올리니스트가 길거리 악사로 변신해 클래식 곡을 연주했다. 45분간 연주를 하는 동안 귀를 기울인 사람은 단 일곱 명뿐이었다. 청바지 차림의 그를 알아본 사람도 없었다. 그는 미국인이 가장 좋아하는 바이올리니스트 조슈아 벨이었다. 그가 들고 연주한 바이올린은 1713년에 제작된 350만 달러(약 43억 원)짜리 스트라디바리우스였다. 이 실험은 비싼 돈 내고 거장의 콘서트에 가는 이유가 단지 음악 때문만은 아니라는 것을 상징적으로 보여 주었다.

이른바 블라인드 테스트도 비슷한 결과를 보여 준다. 상품명이나 제조회사를 가리기 때문에 가장 객관적인 평가 방법으로 간주되지만 실상은 그렇지 않다. 똑같은 와인에 상표만 다르게

붙인 실험에서 평가자 대부분이 고급 상표가 붙어 있는 것을 좋은 와인으로 꼽은 것도 마찬가지다. 와인의 맛과 향뿐만 아니라 거기에 담긴 브랜드에 더 홀린 것이다.

얼마 전 서울대 연구팀이 블라인드 테스트를 한 결과, 참가자의 70.8퍼센트가 국산 맥주를 선호하는 것으로 나타났다. 하지만 상표를 붙인 다음에는 정반대 결과가 나왔다. 인공조미료와 자연조미료를 대상으로 한 실험도 마찬가지 결과를 낳았다. 1970년대 중반 펩시콜라의 블라인드 테스트 결과에서도 51퍼센트가 펩시, 44퍼센트가 코카콜라를 선호했지만 브랜드명을 밝히자 정반대의 결과가 나온 건 유명한 일화다.

이것이 바로 브랜드 효과다. 구매자들이 단순히 맛보다는 뇌 속의 정보 전달 신경인 뉴런에 의해 경험이나 브랜드 등의 영향을 받게 된다는 뉴로마케팅 이론도 여기에서 파생되었다.

《우리는 왜 빠져드는가?》를 쓴 미국 심리학자 폴 블룸은 우리가 감각기관의 단순한 반응을 넘어 대상의 본질로부터 큰 영향을 받는다고 말한다. 천문학적인 값의 유명 회화가 위작으로 밝혀지는 순간 휴지로 변하는 것도 작품 자체뿐만 아니라 그 이면에 담긴 작가의 가치가 반영된 결과라는 것이다. 뜻밖에도 미녀가 평범한 남자에게 빠지기 쉽고, 유독 이웃집 아가씨가 매력적으로 보이는 것도 그렇다고 한다. 대체 우리의 내면에는 얼마나 많은 또 다른 '나'가 가려져 존재하고 있는 것일까?

나무 심는 CEO를 위한 책

식물의 향기와 명품의 향기

《명품 불멸의 법칙》, 허두영 지음

명품은 향기가 난다는 말이 있다. 그 향기에는 흉내내기 힘든 맵시와 사려 깊은 디테일, 탄탄한 내구성, 세대를 아우르는 디자인 등이 담겨 있다. 《명품 불멸의 법칙》은 이 명품의 향기가 식물의 향기와 닮았다는 사실을 일깨운다. 식물의 향기가 누대에 걸친 번식과 방어와 영역 다툼을 위한 생화학 무기이자 치열한 생존 경쟁의 아우성인 것처럼, 명품의 향기도 그렇다는 것이다. 비유하자면 루이비통에는 루이비톨, 샤넬에겐 샤넬렌, 에르메스에게는 에르메솔 성분이 DNA에 박혀 있을지 모른다고 한다.

사람들은 명품을 단순히 품질 좋고 디자인이 예쁘며 가격이 비싼 사치품으로 이해하지만, 이 책의 저자는 그렇지 않다고 말한다. 그는 20여 개 명품 브랜드를 하나하나 조사한 결과 명품들은 하나같이 뛰어난 기술과 혁신을 거듭했다. 그 결과 왕족이나 정치인, 할리우드 스타들이 가치를 먼저 알아봤다. 스와로브스키는 베르사유궁에 샹들리에를 걸었고, 티파니는 아이젠하워 대통령이 부인에게 선물할 목걸이의 가격을 깎아 주지 않았다.

이런 일은 하루아침에 이루어진 게 아니다. 목수, 재봉사, 마구상, 세공사, 땜장이, 옹기장이, 유리장이, 갖바치, 전파상 등 창업자 시절부터 쌓아 온 오랜 노하우와 숱한 발명, 혁신의 결실이었다. 현대에 와서는 여행, 사랑, 자유, 정직, 소통 등 경험 마케팅의 스토리텔링도 입혀졌다. 한마디로 명품이란 '기술, 디자인, 마케팅, 가치'의 혁신 유전자가 각각 계승된 '이야기'(브랜드)라는 것이다.

지금까지 당신이 인생에서 만든 명품에는 어떤 유전자가 담겨 있는가? 장미의 향긋함과 레몬의 상큼함처럼 모방할 수 없는 향기가 나는가? 그 향기에는 어떤 이야기가 담겨 있을지 궁금하다.

돈 되는 나무와 브라질너트 효과
창의

영화 〈닥터 지바고〉의 배경을 수놓은 시베리아 자작나무 숲, 그 은빛 장관을 잊지 못한다. 자작나무는 줄기가 눈처럼 희어서 백화(白樺)나무로도 불린다. 안타깝게도 우리나라에서는 자작나무 숲을 강원도 산간에서만 볼 수 있다. 1990년대 초부터 인공림으로 키운 자작나무 숲도 강원도 인제에 있다. 자작나무의 윤기 나는 껍질은 종이처럼 얇게 벗겨진다. 기름기가 많아 불을 붙이면 오래간다. 신혼방을 밝히는 화촉(華燭)이나 결혼식에 쓰는 화혼(華婚)이 여기서 나온 말이다. 옛날에는 종이를 대신해 자작나무 껍질에 그림을 그리고 글씨를 썼다. 경주 천마총의 〈천마도〉도 자작나무 껍질에 그린 것이다.

자작나무 목재는 박달나무처럼 단단하고 결이 곱다. 벌레도 잘 먹지 않는다. 가구를 만들고 조각하는 데 제격이다. 해인사 팔만대장경판의 일부도 자작나무다. 보기만 좋은 것이 아니라

실용성까지 뛰어나다.

산림청은 매해 전국에 5,000만 그루 이상의 나무를 심는다. 지역별 중점 수종을 골라서 조림 효과를 높인다. 기후 조건에 맞춰 남부에는 편백나무 · 소나무 · 참나무류 · 삼나무 · 가시나무를, 중부에는 낙엽송 · 잣나무 · 백합나무를 심는 방식이다. 부가가치가 높은 경제림을 통해 산림자원을 키우려는 것이다.

전국의 산 주인들도 유실수 위주에서 벗어나 '돈 되는 나무'를 찾고 있다. 산림 경영 개념이 도입된 이후로 달라진 현상이다. 전국 산림의 68퍼센트 이상이 개인 소유이기 때문에 이들의 호응이 중요하다. 한때는 목재용 장육림(長育林)이 인기였다. 최근에는 1~2년 만에 수익이 나는 두릅 · 오가피 · 오미자나 5~6년이면 되는 산수유 · 살구 · 산벚 등 수종이 다양해졌다. 고로쇠, 호두나무 재배로 성공한 사례도 많다. 백합나무와 벚나무는 소나무보다 성장 속도가 2배 정도 빠르고, 경제성은 5배가 넘는다. 치유와 휴양의 의미까지 보태면 부가가치는 더 커진다. 산림 경영에 레저, 휴식을 융합하면 그게 곧 6차산업이다.

한국콜마 같은 기업들도 해마다 개간지에 나무를 심으며 산림 경영에 나서고 있다. 경북 상주에서는 28.3헥타르에 2044년까지 소나무 숲을 조성해 1만 3,313톤의 이산화탄소를 흡수하고 약 2억 원의 수익을 올릴 것으로 기대하고 있다. 한국의 산림 면적은 국토의 68.4퍼센트나 된다. 천연자원은 적지만 산은 많으니 우리 미래가 숲에 달려 있다. 탄소 중립과 ESG 경영의 시대에 산림 경영은 더할 나위 없는 중요한 미래의 해법이 되고 있다.

견과류 통을 열 때 브라질너트가 위에 보이는 이유

브라질의 아마존 밀림에 '숲의 천장'으로 불리는 나무가 있다. 키가 50~60미터에 이르고 몸통 지름은 3미터를 넘는다. 열매도 아주 크다. 하나에 2킬로그램이나 된다. 그 안에 굵은 아몬드처럼 생긴 씨가 20여 개 들어 있다. 바로 브라질너트(Brazil nut)다.

브라질너트는 오랫동안 이곳 원주민들의 식량이었다. 몸에 좋은 성분도 많다. 항산화 작용을 돕고 암을 억제하는 셀레늄이 마늘의 135배나 들어 있다. 미국 농무부에 등록된 6,898개 식품 중 1위로 나타났다. 미네랄과 토코페롤도 많아 당뇨병, 심장병, 갑상샘 질환 예방에 좋다고 한다.

별명은 '천연 셀레늄의 보고' '슈퍼푸드의 강자'다. 우리나라에서도 2017년부터 인기를 끌고 있다. 국내에 셀레늄 함량이 높은 식물이 드물기 때문에 전량 수입에 의존하고 있다. 적정 섭취량은 하루 2~4알이다. 이것이 미국 등으로 퍼져 나가는 과정에서 '브라질너트 효과'라는 용어가 생겼다. 흔히 '브라질 땅콩 효과'로 알려져 있지만, 땅에서 나는 땅콩(peanut)과는 무관하므로 브라질너트 효과라고 하는 게 옳다. 이 용어는 여러 종류의 견과류가 들어 있는 통을 열 때마다 다른 것보다 굵은 브라질너트가 위에 보이는 현상에서 나온 말이다.

이런 현상은 다양한 알갱이들이 흔들릴 때 큰 입자가 위로 올라오고 작은 입자는 틈새로 내려가기 때문에 발생한다. 우리 주변에서도 얼마든지 찾아볼 수 있다. 보리밥을 짓기 전에 쌀과 보리를 섞어 저으면 보리가 위로 떠오른다. 모래와 자갈 등을 섞은 레미콘 트럭이 쉬지 않고 드럼을 돌리는 것도 이 원리를 활용한 것이다. 시리얼 제품이나 가루 약품을 운반하는 기업들은 장거리 수송 후 다시 섞는 작업에 많은 돈을 들인다. 지질학에서는 큰 입자가 위쪽에 쌓이는 '역(逆)점이층리 현상'을 설명할 때 이를 예로 든다.

로또 추첨 기계에도 이 원리가 적용된다. 공의 크기가 조금만 달라도 자주 뽑힐 수 있기 때문에 공기압으로 뒤섞는 방법을 사용한다. 조직 관리에 활용하는 기업도 있다. 생산 시스템을 견과류 통처럼 적절하게 흔들면서 각각의 성취 동기를 자극하면 역량 있는 인재가 서서히 드러난다는 것이다. 우리 마음도 예외가 아니다. 아무리 감추려 해도 브라질너트처럼 도드라지는 큰마음은 숨길 수 없다. 거기에서 나오는 말과 행동 또한 감추기 어렵다. 때로는 밑바닥에 깔린 작은 마음의 입자에 주목해야 할 일도 있다. 지구 반대편에서 온 열매 하나가 많은 것을 생각하게 한다.

나무 심는 CEO를 위한 책

두 마리 토끼를 잡는 창의 경영

《생태적 전환, 슬기로운 지구 생활을 위하여》, 최재천 지음

통섭이론을 국내 학계에 처음 소개한 최재천 교수의 책《생태적 전환, 슬기로운 지구 생활을 위하여》는 기후 위기와 생물 다양성 파괴 시대에 국가나 정부가 어떻게 대처해야 하는가를 연구한 책이다. 그는 생물다양성과학기구(IPBES) 보고서를 인용하면서 우리에게 닥친 심각한 지구의 위기를 일깨우고 있다. 보고서에 따르면, 1980년 이후 30년 동안 개인당 물질의 소비량은 무려 15퍼센트나 증가했을 뿐만 아니라, 온실기체의 배출도 두 배나 늘었고 지구의 평균 온도도 0.7도 상승했다고 한다. 바다의 플라스틱 오염도는 10배나 증가했고, 멈출 줄 모르는 인간의 활동으로 자연 생태계는 47퍼센트나 사라졌으며, 과학자들이 연구하는 동식물 그룹의 약 25퍼센트가 멸종 위기에 직면해 있다고 한다.

바나나 나무 일색의 농사를 하다가 해충과 전쟁을 벌이고, 결

국 생태계 파괴의 늪에 빠진 사례들도 소개한다.

그는 인간의 생존 자체가 위협받는 '환경의 세기'에 우리의 유일한 대안은 생태적 전환이라고 말한다. 이제는 현명한 인간이라는 호모 사피엔스에서 모든 생명체와 공생하는 인간인 호모 심비우스로의 생태적 전환이 필요하다는 것이다.

이 책을 읽다 보면 나무 한 그루를 심고 기르더라도 생물 다양성이라는 관점에서 접근해야 지구 생태계에 도움이 된다는 것을 알 수 있다. 산림 경영의 근본 원리도 이와 다르지 않다. 사회 각 분야 리더들의 미래 산업 개척 방향 또한 이런 트렌드를 염두에 두고 모색해야 할 것이다. 이제 시대는 또 다른 방향으로 흐르고 있다.

될성부른 떡잎과 나무의 경제학

혜안

"한국은 반세기 만에 산림녹화에 성공한 유일한 개발도상국이다. 경제 발전 과정의 환경 파괴를 최소한으로 줄이고 녹색성장의 쾌거를 이뤄냈다."

유엔식량농업기구의 평가다. 광복 후 임야의 절반이 민둥산이었던 나라가 울창한 산림 선진국으로 변한 것을 보고 세계는 '20세기의 기적'이라고 극찬했다. 한국의 산림녹화 성공은 정부의 강력한 숲가꾸기 정책 덕분이었다. 농림부 소속 산림국을 산림청으로 독립시키고 새마을운동과 함께 전 국민 나무심기를 독려했다. 땔감 혁명도 단행했다. 가정 연료를 나무 대신에 석탄과 석유로 바꿨다. 중화학공업 육성과 산림녹화 · 새마을운동을 병행한 균형성장 모델이었다.

정부는 1970년대 초 '치산녹화 10개년 계획'을 세우고 식목일 전후를 식수(植樹)기간으로 확대하면서 지역별 기후에 맞는 나무를 심는 데 주력했다. 이런 노력에 발맞춰 SK임업과 유한킴벌리 등의 기업들도 녹화 사업에 뛰어들었다. 사재를 털어 숲을 일군 '조림왕' 임종국 등 민간인들의 헌신 또한 눈물겨웠다.

한국 최초의 임학박사인 현신규 전 서울대 교수는 우리 풍토에 맞는 신품종 나무를 개발해 산림녹화를 뒷받침했다. 그가 개발한 리기테다소나무는 미국에 '기적의 소나무'로 소개되었고, 1962년 미국 의회가 원조 삭감을 논할 때 그동안 한국을 지원한 것이 헛되지 않았다는 증거로 쓰였다.

그 시절 녹화 사업은 국민의 생존과 직결된 것이었다. 이제는 숲이 주는 생활 · 환경 · 건강에 관심을 갖는 시대가 되었다. 국립산림과학원에 따르면 우리나라 전체 산림이 흡수하는 대기오염 물질은 연간 107만 톤에 이른다. 축구장 한 개 크기의 숲이 매년 168킬로그램의 미세먼지와 이산화질소, 이산화황 등을 줄여 준다.

도시 숲이 도심 초미세먼지를 40.9퍼센트 줄인다는 연구 결과도 있다. 미국에서 도시 숲의 경제적 효과는 한 해 5억 달러(약 6,100억 원)를 넘는다. 일본의 경우, 벚꽃 하나만으로 한 해 1,600억 엔(약 1조 7,000억 원)의 외화를 벌어들이고 있다. 코로나 사태 이전인 2019년의 벚꽃 관광 경제효과 6,500억 엔(약 6조 9,500억 원) 중 외국 관광객의 소비가 25퍼센트인 것으로 나타났다. 우리나라 도시 숲 면적은 아직 세계보건기구 기준의 60퍼센트에 불과하다. 예부터 '국가 경영의 기본은 치산치수(治山治水)'라고 했다. 인재를 발굴하고 키우는 과정도 숲을 가꾸는 것과 같다.

민둥산에 숲 가꾸듯, 꿈나무 기른 한국식 교육보험

교육에 보험이라는 개념을 처음 접목한 사람은 신용호 교보생명 창립자였다. 그는 "전쟁의 폐허에서 나라를 다시 일으키는 길은 교육에 있다"며 1958년 대한교육보험(현 교보생명)을 설립했다. 당시 1인당 국민소득은 58달러. 형편이 어려워 학교에 가지 못하는 아이들이 많았다. 이들을 위한 것이 최초의 학자금 마련용 저축성 보험인 '진학보험'이었다.

문제는 판로 개척이었다. 고심하던 그는 담배 피우는 사람들을 찾아가 담배를 끊고 그 돈으로 보험에 가입하면 아이들을 대학에 보낼 수 있다고 설득했다. 동료들도 길거리로 나서 "못 배운 한을 풀기 위해서라도 자식들 교육은 제대로 시켜야 하지 않겠느냐"며 거들었다. 여성 설계사들은 골목길을 돌며 빨랫줄에 기저귀가 널려 있는 집만 보면 문을 두드렸다. 처음에는 손사래를 치던 사람들이 하나둘 관심을 보이기 시작했다.

이 교육보험은 부모들의 교육열을 타고 1970~1980년대 최고 전성기를 누렸다. 개인보험 시장의 절반 이상을 차지할 정도였다. 보험왕에 뽑힌 설계사 대부분이 교육보험으로 승부를 걸었다고 말했다. 그 결과 6대 생명보험회사 중 막내로 출발한 대한교육보험은 창립 5년 만에 보유 계약 56억 원으로 업계 3위에 올랐다. 1964년엔 100억 원을 돌파하며 2위로 뛰었고, 설립 9년 만인 1967년 정상을 차지했다. 보험 역사상 가장 빠른 성장 기록이었다.

그 시절 부모들은 허리띠를 졸라매면서도 다달이 늘어 가는 교육보험 통장을 보며 희망을 키웠다. 전셋돈이 모자라더라도 교육보험만은 헐지 않았다. 그 덕분에 수많은 아이들이 배움의 기회를 얻었고, 경제 발전의 주역으로 성장했다.

1990년대 이후에는 상황이 달라졌다. 경제 성장으로 가구 소득이 늘어나고 의무 교육이 확대되는 등 시장 변화에 따라 교육보험 수요가 줄기 시작했다. 교육보험 인기가 시들해지자 판매를 중단하는 보험사가 늘었다. 자녀 보험이 저축성에서 보장성 위주로 재편된 뒤로는 시장이 더욱 위축되고 있다.

이런 상황에서도 교보생명은 창립 60주년을 맞은 2018년 '교보변액교육보험'을 새로 선보였다. 서울 종로1가 1번지 금싸라기 땅에 '돈 안 되는' 교보문고를 세운 신용호의 창립 정신 덕분일까. 어릴 때 가난과 병으로 학교도 못 가고 배움의 갈증을 '천일독서'로 혼자 풀며, 무일푼으로 교육보국의 새 영역을 개척했던 그의 일념이 새로운 모습의 나무와 숲으로 거듭나는 듯하다.

나무 심는 CEO를 위한 책

책의 숲에서 광대한 우주의 비밀을 본다

《숲에서 우주를 보다》, 데이비드 조지 해스컬 지음

《숲에서 우주를 보다》는 미국 교양과학 부문 최고의 화제작으로, 퓰리처상 논픽션 부문 최종 후보(2013)에 올랐다. 이야기의 무대는 지름 1미터의 작은 울타리 안이다. 저자가 티베트 승려들을 본따 '만다라'라고 명명했다.

식물학자이기도 한 그는 어느 해 1월 1일부터 12월 31일까지 만 1년 동안 이 작은 울타리 안에서 일어난 생물들의 생태 변화를 관찰했다. 관찰과 사색, 기억, 조사를 한데 엮어 하루하루의 일기처럼 구성했다. 관찰을 지식과 융합하니 끝이 없는 만다라의 우주가 펼쳐졌다. 작은 숲의 영역에서 벌어지는 생명과 광물들의 생에는 저마다의 시간적 내력과 공간적 보편성이 아로새겨져 있었다.

작은 만다라에는 동물 변화의 역사가 녹아들었고, 광대한 우주가 펼쳐져 있다. 저자는 생명 공동체를 명명하고 이해하고 향유하려는 욕망은 인간성의 일부라고 말한다. 따라서 살아 있는 만다라를 고요히 관찰하는 것은 이 유산을 다시 발견하고 계발하는 방법이라는 것이다.

그렇다면 이보다 훨씬 큰 지구 울타리 안을 비춰 보면 어떨까? 지혜와 영감에 굶주린 많은 영혼들이 어마어마한 지식의 생태계를 이루며 우주를 보고 꿈을 꾸는 장면이 눈에 선하다. 거기에서 다시 렌즈를 좁혀 '책의 숲' 교보문고를 들여다본다면 어떨까? 걸음을 멈춘 채 해스컬이 말한 자신의 인간성을 되찾기 위해 책이라는 작은 만다라를 들여다보고 있는 많은 사람들을 만나게 될 것이다. 그들이 어떤 우주를 만나고 있을지 궁금하다.

개똥쑥이 노벨상을 안겨 주다
가치

개똥쑥이 다시 주목받은 것은 노벨상 덕분이었다. 이 풀에서 말라리아 치료제 성분을 찾아낸 여성 학자 투유유는 평생 약초만 연구해 2015년 중국 최초의 과학 분야 노벨상 수상자가 되었다. 그의 이름 유유(呦呦)는 '사슴이 울며 풀을 뜯는다'는 《시경》 구절에서 따왔다는데, 풀에서 신약을 추출해 영예를 안았으니 이 또한 흥미롭다.

1960년대부터 약초 연구에 매진한 그는 개똥쑥에서 뽑아낸 아르테미시닌 성분으로 말라리아 특효약인 칭하오쑤[靑蒿素]를 1971년 개발했다. 이를 통해 1990년대 이후 말라리아 퇴치에 기여했다. 아르테미시닌은 말라리아 기생충에 감염된 사람과 동물에게 매우 효과적이었다. 그동안 10억 명이 혜택을 입었고 수백만 명의 생명을 구했다.

개똥쑥은 손으로 뜯어 비벼 보면 개똥 냄새가 난다 해서 그렇게 불린다. 일본과 중국, 몽골, 시베리아, 인도, 유럽, 북아메리카에서도 자란다. 개똥쑥의 학명인 아르테미시아 안누아 린네는 그리스 신화에서 사냥과 야생의 여신인 아르테미스에서 따온 것이라고 한다.

예로부터 한방에서 널리 쓰인 개똥쑥은 최근 뛰어난 항암 효능이 입증되면서 더욱 주목받아 왔다. 미국 워싱턴대가 2012년 〈암저널〉에 "암세포를 죽이는 능력은 개똥쑥이 기존 약품보다 1,200배나 높다"고 발표했다. 개똥쑥의 플라보노이드 성분도 면역 조절이나 피로 해소에 좋아 세계보건기구의 약재로 지정되어 있다.

동서양의 모든 약은 대부분 식물에서 추출한다. 《강희자전》에도 약이 '병을 치료하는 풀'로 풀이되어 있다. 신종플루 치료제인 타미플루는 식물 열매에서 추출한 천연물질로 만든다. 인도의 멀구슬나무 님(neem)에서 구충제와 아토피 약이 나온 것도 같은 원리다. 이 나무에서 추출한 기름으로 미국 화학 기업이 생물 농약을 제조해 특허를 주장하다 '생물해적질'이라는 비난 때문에 손을 떼기도 했다. 천연 물질의 약효가 그만큼 뛰어나다는 것을 보여 주는 사례들이다.

약초 중에서도 가장 널리 이용되는 것은 씨앗식물이다. 6세기 초 양나라에서 나온 최초의 약초 관련서 《신농본초경》에 365종, 1596년 명나라의 《본초강목》에 1,890종이 수록되어 있다. 1613년에 나온 조선의 《동의보감》에도 1,400여 종이 실려 있다. 사실 우리나라 곳곳에 널린 게 개똥쑥이다. 중국이 반세기 전부터 집중적으로 연구해 수많은 생명을 살리고 노벨상까지 받는 것을 보며 우리의 모습을 다시 되돌아보게 된다.

심마니는 얼치기를 뽑지 않는다

"산삼은 보이는 사람에게만 보인다."

산삼 캐는 심마니 사이에서 전해 오는 말이다. 심마니에게도 등급이 있다. 초보자는 마구 돌아다니는 '천둥마니', 다음은 '둘째마니' 혹은 '소장(젊은)마니', 그다음은 경험 많고 노련한 '어인마니'다. 어인마니는 입산 계획부터 삼을 캐고 분배하는 일까지 총괄하는 우두머리다.

예부터 고려삼으로 불린 우리나라 산삼은 영약(靈藥)으로 이름나 있었다. 그중에서도 사람 손길을 타지 않고 오래 자란 천종(天種) 산삼을 최상급으로 쳤다. 산삼을 채취할 때에는 '캔다'는 말 대신 '돋운다'는 표현을 쓴다. 그만큼 귀해서 가격도 부르는 게 값이다. 웬만한 고수가 아니면 발견하기 어렵다.

《전통 심마니가 전하는 산삼 감정기법》의 저자 홍영선 씨는 "천둥마니에게는 온 산을 헤맨 끝에 우연히 발견되고, 둘째마니에게는 머릿속이 산삼으로 가득할 때 보이고, 어인마니에겐 아무 생각이 없을 때 비로소 산삼이 보인다"고 말한다. 옛날부터 임금에게 진상한 최상품은 '진'으로 지칭했고, 오래 묵어도 약이 되지 않는 삼은 '얼치기'라고 불렀다고 한다.

그는 얼치기를 설명할 때 초보자인 천둥마니에게는 단순히 15년에서 25년 사이의 삼이라고 하고, 둘째마니에게는 지종(地種, 중급) 산삼 이상의 씨앗이지만 어중간한 단계의 삼이라고 하며, 어인마니에게는 아무리 나이를 먹어도 절대 '진'이 되지 못하는 삼이라고 얘기한다. 얼치기는 사전적 의미로 이것도 저것도 아닌 중간치, 이것저것이 조금씩 섞인 것을 일컫는다. 똑똑하지 못해 탐탁찮은 사람도 얼치기다. 사람 됨됨이가 변변치 못해 덜된 행동을 하는 '얼간이', 겨울에 땅을 대강 갈아엎어 심은 '얼갈이' 역시 비슷한 말이다.

전통 심마니들은 얼치기를 잡마니라고도 부른다. 얼치기와 잡마니가 나대는 세상은 어지럽다. 정치와 경제도 마찬가지다. 선거 때마다 나라를 구하겠다고 큰소리치는 사람 중 누가 진이고 얼치기인지 구별하는 게 중요하다. 눈 밝은 어인마니들이 많아야 한다. 그런 안목을 갖고 국가의 미래와 새로운 희망을 밝히는 유권자야말로 '진'이요, 오늘 투표소에서 "심봤다!"를 외칠 수 있는 어인마니다. 급변하는 시장에서 살아남을 기업의 경영원리 또한 이와 다르지 않다.

나무 심는 CEO를 위한 책

방사능도 이기는 식물의 위대한 능력

《식물, 세계를 모험하다》, 스테파노 만쿠소 지음

식물학자 스테파니 만쿠소는 체르노빌과 히로시마에서 방사능 피폭에도 살아남은 식물들을 보고 놀랐다. 식물은 기관이 여러 모듈로 나뉘어져 있어 동물과 달리 생존력이 끈질기긴 하지만, 방사능까지 소화시켜 살아남는 능력이 있을 줄이야.

《식물, 세계를 모험하다》는 식물이 제자리에만 가만히 있는 게 아니라는 사실도 알려 준다.

"식물은 개별 개체의 생애 동안에는 이동할 수 없지만, 수대에 걸쳐서는 가장 먼 땅, 가장 접근하기 어려운 지역, 극도로 열악한 지역을 정복할 수 있었다."

만쿠소가 전 세계를 누비며 관찰하고 고증한 바에 따르면 식물은 여러 가지 방법으로 전 세계를 여행하면서 종자를 퍼뜨려 생육하고 번식한다. 그러니 원자폭탄 피해에서도 살아남아 싹을 틔울 만하다.

"원자폭탄 폭심으로부터 1,130미터 떨어진 곳의 호센보[法泉坊] 사찰 정면에 서 있던 멋진 은행나무 한 그루를 기억한다. 그 나무는 절의 돌계단 밑에 U자형으로 에워싸여 있었다. 그리고 반경 1,120미터 거리의 히로시마 성곽 내부에 있는 녹나무, 반경 910미터 거리의 성 안에 있는 먼나무, 반경 890미터 떨어진 절 혼쿄지[本經寺]에서 자라는 놀라운 모란 등이 있었다. (…) 1945년 8월 6일 오전 8시 15분, 폭심지 지표면 온도는 섭씨 4,000도를 훌쩍 넘어, 어쩌면 섭씨 6,000도까지 치솟았을 것이다."

이들은 1945년 히로시마 원폭에서 살아남은 나무의 별칭인 히바쿠주모쿠[被爆樹木]였다. 2008년 원전 사고가 있었던 체르노빌에서도 같은 모습을 볼 수 있었다. 원전 사고 후 약 30년이 된 2015년, 그가 찾은 체르노빌 인근의 생태는 러시아 그 어느 곳보다 무성한 식물과 동물로 복작거렸다.

이 책을 읽다 보면 지구상의 많은 식물들이 불가사의한 초능력을 가지고 있다는 것을 알 수 있다. 놀라운 생명력과 효능으로 인간의 부족함을 보완해 주는 식물은 또 얼마나 많은가. 어디 개똥쑥뿐이랴. 그보다 더한 풀과 꽃들이 산과 들, 강 언덕에 지천으로 널려 있다.

보릿고개에 '밥꽃' 피우던 이팝나무와 조팝나무

활용

처음엔 싸락눈처럼 듬성듬성 피다가 나중엔 함박눈처럼 소복하게 나무 전체를 뒤덮는 꽃. 이팝나무꽃은 보기에도 좋고 향기 또한 좋다. 가지마다 흐드러지게 핀 꽃그늘 아래 누우면 온몸에 하얀 꽃물이 드는 듯하다. 가늘고 긴 네 갈래 꽃잎은 하늘거리는 바람개비를 닮았다. 멀리서 보면 고봉으로 수북이 담은 쌀밥 같은 모습을 하고 있어 이팝나무꽃이다.

이팝나무란 이름도 이밥(쌀밥)에서 나왔다. 꽃이 많이 피면 벼농사가 잘 돼 쌀밥을 원 없이 먹게 된다고 그렇게 부르기 시작했다고 한다. 여름이 시작되는 입하(立夏) 무렵에 꽃을 피우는 입하목(立夏木)에서 유래했다는 설도 있다. 어떻든 먹는 것과 관련이 있는 꽃인 건 틀림없다.

이팝나무꽃이 피는 시기는 가장 배고픈 보릿고개 즈음이다. 춘궁기에 굶어 죽은 자식의 무덤가에 이 나무를 심어 놓고 죽어서라도 흰 쌀밥을 마음껏 먹기를 바라는 부모의 애틋한 마음이 담겨 있다. 그러니 그냥 꽃이 아니라 밥꽃이다.

오래된 이팝나무가 있는 마을마다 전해 오는 이야기도 비슷하다. 노인들은 이팝나무꽃이 많고 적음에 따라 풍흉을 점친다. 물이 풍부한 곳에서 잘 자라는 나무여서 강수량에 따라 꽃 모양이 다르니 벼농사와 직접 관련이 있다.

가을에는 쥐똥나무 열매보다 조금 큰 타원형 열매가 달린다. 열매가 달리지 않는 나무도 있다. 그건 수그루다. 암그루만 결실을 맺는다. 천연기념물로 지정된 이팝나무가 전국에 일곱 그루 있다. 200~500년 된 나무도 수십 그루나 된다. 어청도와 포항에는 넓은 군락지까지 있어 해마다 장관을 이룬다. 공해와 병충해에 강해 가로수로도 인기여서 요즘은 모르는 사람이 별로 없다.

이보다 조금 먼저 피는 조팝나무꽃도 밥꽃이다. 어린 순은 나물로 먹고 뿌리는 한약재로 이용한다. 최근에는 조팝나무에서 해열제의 대명사 격인 아스피린 원료를 추출해서 조팝나무 학명의 일부분이 약 이름에 들어가 있다. 조팝나무는 주로 산야에 자라지만 요즘은 도심에서도 많이 볼 수 있다. 키가 2미터 이하로 작고 꽃잎은 앙증맞은 달걀 모양이다. '조팝나무꽃 필 때 모내기하고 콩 심는다'는 속담도 먹는 것과 맞닿은 말이다.

지천에 핀 꽃무더기에서 밥을 떠올리며 허기진 보릿고개를 넘겨야 했던 옛사람들의 심정은 어땠을까. 이렇게 밥을 닮은 꽃들의 이름에는 아련한 눈물이 묻어 있다.

____ 특허를 얻지 못한 사람들, 발명의 이면사

전화기를 처음 발명한 사람은 그레이엄 벨이 아니라 안토니오 무치였다. 그는 벨보다 20여 년 앞선 1854년에 전화기를 완성했다. 작업 중 침실에서 치료 중인 부인과 대화하기 위해 고안한 텔레트로폰(teletrophone)이었다. 그러나 특허 비용이 없어 1871년에야 임시특허를 얻고 매년 10달러씩 갱신료를 냈다. 그나마 몇 년밖에 못 냈다. 영구특허를 얻기 위해서는 250달러가 필요했다.

그는 1876년 벨이 전화기 특허를 등록하자 소송을 제기했으나 승소 직전 심장마비로 세상을 떠나고 말았다. 이후 100년 이상 전화기 발명자는 벨로 알려졌다. 2002년에야 미국 의회의 조사 결과 무치가 최초 발명자로 인정되었다. 의회는 "그에게 단돈 10달러만 있었어도 전화의 역사가 바뀌었을 것"이라고 말했다.

발명사의 이면에는 이런 사연들이 많다. 발명왕 토머스 에디슨의 최고 업적으로 꼽히는 전구도 그렇다. 백열전구는 1835년 스코틀랜드의 제임스 보먼 린지가 먼저 선보였다. 1875년 영국 화학자 조지프 스완이 개량 백열등 특허를 신청하자 에디슨은 자신의 아이디어를 도용했다며 고소했다가 패소했다. 그는 스완을 회유해 합작사 '에디스완'을 차리고 수익을 나눴다. 몇 년 후 그는 "전구 속 탄소 필라멘트는 내가 발명했다"는 주장으로 상업성을 인정받았다.

에디슨의 빛에 가린 사람 중에 니콜라 테슬라가 있다. 교류전동기를 발명한 그는 에디슨 때문에 손해를 많이 봤다. 에디슨은 테슬라에게 전기를 싼값에 전달하는 방법을 알아내면 큰돈을 주겠다고 했지만 약속을 지키지 않았다. 직류방식을 고집한 에디슨은 교류 전기의자를 사형 집행에 쓰게 하는 등 교묘하게 방해했다. 이 과정에서 테슬라는 교류를 널리 보급하기 위해 자신의 특허권을 포기했다. 그러자 에디슨은 특허 전문가들을 옆에 두고 있다가 재빨리 등록했다.

비행기는 라이트 형제가 고안했다지만, 원저작권은 레오나르도 다빈치에게 있다. 다빈치가 특허를 얻지 못했을 뿐이다. 라이트 형제는 경쟁자가 생기는 것을 막기 위해 여러 과학자와 싸웠고, 이때부터 특허 분쟁이 일반에 알려졌다.

현대에 와서는 무형자산인 소프트웨어 분야로 특허 싸움이 번지고 있다. 아무리 기발한 것을 발명해도 특허를 받지 못하면 무용지물이다. 콜럼버스가 신대륙을 발견하고도 아메리고 베스푸치에게 '아메리카'의 이름을 넘겨준 것과 비슷하다고 할까. 오늘날 애플과 구글, 마이크로소프트와 삼성 등 굴지의 첨단기업들이 특허 소송에 사활을 거는 이유도 여기에 있다.

배고픈 시절을 함께 견딘 힘

《노거수와 마을숲》, 정계준 지음

시골 마을에 가면 수령이 오래된 노거수나 마을숲을 종종 만날 수 있다. 이들의 역할은 다양하다. 동네 사람들은 이곳에서 만남을 갖기도 하고, 아이들은 놀이터로 활용한다. 때로는 마을의 전설과 사연을 구전시키거나 민간 신앙의 대상이 되기도 한다. 공동체의 구심점으로서 역할을 하곤 한다.

정계준 경상대 교수팀은 부산, 울산과 경남 일대 자연마을의 노거수 101그루와 217곳의 마을숲을 전수조사해 기록을 남겼다.

김해 신천리, 양산 신전리, 장승포 덕포리에는 각각 수령 600년, 400년, 300년으로 추정되는 이팝나무가 노거수로 남아 있다. 이 나무에 얽힌 전설은 한결같았는데, 잎사귀와 열매 달린 모양에서 풍년과 흉년을 점쳤다는 것이다. 이밥나무(쌀밥나무)가 발음대로 불리다 '이팝나무'가 됐다는 사연도 같았다. 연말이나 새해 정월 대보름날 제(祭)를 지내는 전통도 오래되었다. 양산 신전리에서는 거의 고사지경인 이팝나무 아래서 정월 대보름 당산제를 지낸다고 한다. 경남 거제시 장승포 덕포리 이팝나무 옆에는 돌무지가 있는데, 왜적에 대비한 방어용이었다고 한다.

이들은 모두 "이팝에 고깃국이나 실컷 먹었으면 원이 없겠다"는 바람과 함께 이팝나무를 둘러싼 마을공동체 문화의 일부가 되었다. 아무리 땔감이 없던 한겨울철에도 노거수 아래 삭아 떨어진 가지 하나 주워 쓰지 않았다는 속 깊은 마음이 그 속에 배어 있다.

배고픔을 이기려는 비원(悲願)이 서린 이팝나무 노거수 아래 울음을 삼키지 않았을 이가 어디 있으랴. 오래된 나무에서 새로운 가치의 잎사귀와 지혜의 열매를 찾는 것은 우리 시대 리더들의 또 다른 사명이기도 하다.

꽃 성형에서 배우는 혁신의 가치
혁신

"무슨 꽃일까? 노란꽃인데 개나리보다 좀 작은 것 같고…."

출근길 가로화단에서 본 '개나리 사촌'을 찾느라고 동료들과 식물도감을 한참 뒤졌다. 찾고 보니 봄맞이꽃이라는 뜻의 영춘화(迎春花)다. 그동안 공원이나 도로에서 더러 봤는데 왜 이름을 몰랐을까.

영춘화는 개나리와 닮았지만 잎이 5~6장으로 개나리(4장)보다 많다. 키는 개나리보다 약간 작다. 그동안 철 이른 개나리 운운한 게 영춘화 보고 한 말일 수도 있겠다.

예전에는 도심 가로화단의 꽃 종류가 몇 가지 되지 않았지만 요즘은 아주 다양해졌다. 큰길마다 계절을 대표하는 꽃들이 잇달아 등장한다. 서울 강남대로만 해도 4월에는 개나리 · 진달래, 5월은 금어초, 6월은 백합, 7월은 아스틸베, 8월은 칸나, 9월은 글라디올러스, 10월은 국화 등이 연중 옷을 갈아입는다. 한천로 등 서울 강북 지역과 지방 도시도 마찬가지다.

이런 꽃단장은 누가 어떻게 할까. 대부분은 시, 구, 동 같은 지방 행정조직이 조경 · 수목단체 등과 협의해 수종을 선정하고 관리한다. 해당 지역 기업의 후원을 받아 공동으로 관리하기도 한다. 이들의 화단 가꾸기 프로젝트를 보면 꽃에도 유행이 있는 것 같다. 묘목이 자라는 기간을 감안해 몇 년 전부터 수종을 정해야 하니 일종의 '선행 패션'인데, 의류업체들이 유행색이나 디자인을 미리 띄우는 것과 다를 바 없다.

유행에 민감한 사회 분위기 때문인지 집에서 키우는 꽃도 트렌드를 탄다. 한때는 산세베리아가 인기였다. 공기정화 기능이 뛰어난 데다 물을 자주 안 줘도 된다는 게 이유였다. 그러다 어느 순간 시들해졌다. 이후 아레카야자가 실내 오염물질 제거 및 습도조절 능력이 최고라는 평가를 받으며 1위로 등극했다.

그 뒤로는 대나무야자, 인도고무나무, 관음죽, 팔손이나무, 필로덴드론, 파키라 등이 유행을 탔다. 로즈마리(허브)도 음이온 방출 효과 덕분에 대세를 이루었다. 얼마 전부터는 선인장처럼 잎이나 줄기에 수분이 많은 다육식물이 유행이다. 스투키, 테이블야자 등 이른바 다육이 패밀리가 인기 품목이다.

최근 들어서는 첨단 기술을 접목한 '꽃 성형'이 눈길을 끈다. 하늘색 안개꽃, 무지개빛깔 국화, 어둠 속에서 빛을 내는 백합,

온도에 따라 색이 변하는 장미 등 꽃잎에 다양한 색깔을 입히는 염색 기술이 진화를 거듭하고 있다. 육종이나 유전자변형 기술뿐만 아니라 갖가지 색채의 향연으로 해외 바이어들의 눈을 사로잡고 있다.

지금까지 등장한 꽃 염색 기술은 크게 네 가지다. 식물체 줄기로 색을 빨아올리게 하는 '물올림법', 꽃을 염색액에 담가 물들이는 '침지법', 식물체에 염료를 링거처럼 주입하는 '주사법', 염색액을 분사하는 '스프레이기법' 등이 있다. 이 중 가장 쉬운 스프레이기법은 표면에 묻은 물감이 날아가거나 벗겨지는 단점 때문에 하급으로 분류된다. 손에 묻은 염료 때문에 선물받은 사람이 실망하면 성괴(성형괴물) 취급을 받기도 한다.

요즘은 기술 발달로 이런 부작용이 줄어들고 있다. 한 가지 색만 입힐 수 있는 단일염색에서 여러 가지 색을 동시에 보여주는 복합염색 단계로 발전했다. 몇 년 전 경북대 연구팀이 물올림 원리를 응용해 흰 꽃에 4~6가지 색을 구현한 '무지개꽃 기술'을 개발한 뒤 일취월장했다. 형광염색으로 어둠 속에서 빛을 내는 꽃도 나왔다. 컬러 안개꽃과 스타티스는 경매시장에서 1.7배나 비싼 값에 팔린다.

꽃잎 아래가 연분홍이고 위로 갈수록 적색이 되는 한국산 장미 딥퍼플은 2015년 도쿄 국제엑스포에서 해외 생산자 부문 그랑프리를 수상했다. 이 장미는 2012년 모스크바 화훼박람회 대상, 2014년 네덜란드 꽃축제 소비자상까지 받았다. 판매량도 2011년 5만 송이에서 4년 새 234만 송이로 급증했다.

이 같은 노력에도 불구하고 국내 화훼산업 현주소는 어둡기만 하다. 화훼생산액과 국민 1인당 꽃 소비액이 줄어들고 있다. 한국농촌경제연구원 조사에 따르면 우리나라 국민 36퍼센트는 '꽃을 돈 주고 사기 아깝다'고 말한다. 먹고 살기도 빠듯한데 무슨 꽃을 사냐는 인식이 아직도 팽배하다.

꽃을 선물로 주고받는 데 익숙하지 않은 탓도 크다. 결혼기념일에 큰맘 먹고 꽃을 사들고 갔다가 "그냥 돈으로 주지, 쓸데없이…"라는 핀잔을 듣기 일쑤다. 상상 속의 꽃으로만 여기던 블루 로즈도, 영롱한 에메랄드빛 안개꽃도 아름다움을 알아줄 사람이 없다면 대체 무슨 소용인가.

____ 소비자 오감을 만족시키는 발뮤다의 감각 경영

일본 가전업계의 애플로 불리는 발뮤다의 창업자 데라오 겐. 그는 14세 때 어머니를 여의고 17세 때 고교를 자퇴했다. 세상을 배우기 위해 어머니 사망보험금을 들고 여행길에 올랐다. 도쿄를 떠난 다음 날 스페인 남부 안달루시아의 시골 마을 론다에 도착했다. 론다는 소설가 헤밍웨이가 사랑한 '절벽 위의 마을'이었다. 몹시 지치고 배가 고팠다. 비까지 내렸다. 작은 가게에서 빵을 하나 사 입에 넣는데 눈물이 왈칵 쏟아졌다.

그렇게 그는 1년을 떠돈 뒤 록 뮤지션을 꿈꾸며 돌아왔다. 그러나 10년 동안 빛을 보지 못했다. 서른 살 때인 2003년 창업해 컴퓨터 액세서리를 제작했지만 글로벌 금융위기로 이마저 접어야 했다.

"어차피 망할 거면 특이한 물건이나 만들어 보자."

그는 벼랑 끝에 선 심정으로 돈을 빌려 초(超)절전형 선풍기 그린팬을 개발했다. 이것이 기적의 시작이었다. 그가 내놓은 그린팬은 지진으로 전력 불안에 빠진 일본 소비자들을 단번에 사로잡았다. 사람들은 전력 소비를 10분의 1로 줄인 것뿐만 아니라 14장의 이중날개에서 나오는 산들바람, 나비 날갯짓 소리와 비슷한 13데시벨의 무(無)소음에도 매료됐다.

이 선풍기의 핵심 가치는 부드러운 자연바람이었다. 그가 거래처 미팅을 끝내고 파김치가 되어 돌아왔던 어느 날, 그에게 부드럽고 선선하게 다가왔던 바람의 감각을 되살린 것이다. 이중날개 아이디어는 공장 장인들이 선풍기를 벽 쪽으로 틀어 간접 바람을 쐬는 모습에서 착안했다. 느린 바람과 빠른 바람을 동시에 구현하려는 생각은 아이들의 꼬리잡기 놀이를 보고 떠올렸다.

발뮤다의 대표 상품인 식빵 굽는 토스터를 개발할 때에도 그는 자신의 경험과 감각을 최대한 활용했다. "죽은 빵도 살린다"는 극찬을 받은 '더 토스터'는 여행지에서 먹었던 '빗물 속의 빵'을 재현한 제품이다. 기존 기계들이 빵을 바짝 굽는 데 초점을 맞춘 것과 달리, 그는 작은 컵으로 물을 공급해 겉은 바싹하고 속은 촉촉한 식감을 살려 냈다. '눈물 젖은 빵'의 습도에서 맛의 비결을 찾아낸 것이다.

항아리 모양의 가습기 '레인'은 물통에 물을 채워 넣는 대신 윗부분에 물을 붓는 방식으로 설계했다. 그는 박물관에서 본 조선 백자에서 영감을 얻었다고 했다. 공기청정기 '에어 엔진'을 만들 땐 가장 감각적인 발광다이오드(LED) 불빛을 찾기 위해 0.1밀리미터 단위로 플라스틱 두께를 바꿔 가며 실험을 거듭했다.

《0.1밀리미터의 혁신》의 저자 모리야마 히사코는 데라오 겐을 "오감으로 느낄 만족을 제공하는 감각적 기업가"라고 평가했다. 이런 감각을 공유하기 위해 그는 직원들과 같은 공간에서 일하며 감명 깊었던 소설을 함께 읽기도 한다.

그의 감각 경영 덕분에 발뮤다의 매출은 2018년 100억 엔(약 1,068억 원)으로 15년 새 1,850배나 늘었다. 코로나가 한창이던 2020년에도 매출이 126억 엔(약 1,346억 원)으로 전년 대비 16퍼센트 증가했다. 혁신의 가치와 중요성을 놀라운 성장으로 보여 주었다.

나무 심는 CEO를 위한 책

나무의 사랑은 꽃, 나무의 임신은 열매

《리틀 포레스트》, 이가라시 다이스케 지음

시인 윤동주는 〈화원에 꽃이 핀다〉라는 산문에서 꽃의 이름들을 황홀하게 읊는다.

"개나리, 진달래, 앉은뱅이, 라일락, 민들레, 찔레, 복사, 들장미, 해당화, 모란, 릴리, 창포, 튤립, 카네이션, 봉선화, 백일홍, 채송화, 달리아, 해바라기, 코스모스—코스모스가 홀홀히 떨어지는 날 우주(宇宙)의 마지막은 아닙니다. (…) 화로(火爐)에는 빨간 숯불이 피어오르고 많은 이야기와 많은 일이 이 화롯가에서 이루어집니다."

그가 좋아한 화원의 꽃들은 나무의 수정(受精)을 상징하는 표상이다. 쇼펜하우어식으로 표현하면 종족 보존의 의지가 꽃이라는 표상으로 드러난 것이다. 꽃의 빛과 향, 가루가 벌 등의 매파를 통해 사랑의 행위를 나누는 것이다. 나무의 임신은 열매라고 한다. 씨앗을 품고 있으니 영락없다.

영화로 더 유명해진 일본 작가 이가라시 다이스케의 만화 책 《리틀 포레스트》는 온갖 나무의 열매와 꽃, 이파리, 채소 등으로 한두 가지씩 요리를 해서 먹는 시골살이의 하루하루를 그렸다. 수유나무 열매로 잼을, 당근과 셀러리로 소스를, 산두릅과 민트로 튀김을, 멍울풀나무 열매로 된장조림을, 호두나무 열매와 검은깨로 밥을, 생강으로 떡을 만들어 먹는 이야기다. 소박한 시골살이, 음식 맛 하나하나를 느끼면서 즐거워하는 20대 여성의 밥상머리 모습이 잔잔한 공감을 일으킨다.

채소에도 꽃이 핀다. 오이와 참외에는 외꽃이, 감자에는 감자꽃이, 고구마에는 고구마꽃이 핀다. 수박에는 수박꽃, 호박에는 호박꽃이 핀다. 이 밖에도 당근꽃, 배추꽃, 고추꽃, 무꽃 등 꽃 없는 채소가 없다.

그런데 도시에서 나고 자란 대부분의 사람들은 이 사실을 모른다. 꽃은 떼고 이파리나 뿌리만 사거나 먹었으니 꽃의 존재를 알 리가 없다. 오늘부터라도 식탁에 꽃 한 송이를 놓아 보자. 입맛도 좋고 눈도 오랜만에 호강할 것이다. 한 번도 꽃병을 놓아 보지 않은 사람에게는 이것도 '혁신'이다.

2장

숲의 시인이 말하였네…
"함께 있되 거리를 두라"
관계

덩굴식물은 각기 다른 방향으로 줄기를 감고 오른다. 칡은 대부분 왼쪽으로 감고, 등나무는 주로 오른쪽으로 감는다. 개중에 좌우를 가리지 않는 것도 있지만, 칡과 등나무가 다른 쪽으로 감고 오르다 얽히면 싸우게 된다.

이런 모습의 '칡 갈(葛)'과 '등나무 등(藤)'에서 유래한 말이 곧 갈등(葛藤)이다. 갈등이 심해지면 자기뿐만 아니라 이웃과 사회까지 망치고 만다. 칡에 감긴 나무가 햇빛을 제대로 받지 못하고, 등나무 줄기에 목이 졸린 나무가 숨을 쉬기 어려운 것과 같다.

레바논 출신의 미국 시인 칼릴 지브란은 조언했다.

"함께 있되 거리를 두라 / 그래서 하늘 바람이 그대들 사이에서 춤추게 하라." 그의 대표작 《예언자》의 〈결혼에 대하여〉에 나오는 구절이다. 그는 "참나무와 삼나무도 서로의 그늘 속에서는 자랄 수 없으니" 서로 사랑하면서도 "사랑으로 구속하지는 말라"고 권했다.

사람이든 나무든 밝은 햇빛을 받고 잘 자라기 위해서는 아름다운 간격이 필요하다. 인간(人間)이란 말부터가 '사람 사이'라는 의미다. 물리학에서도 두 개의 입자가 가까울수록 서로 끌어당기는 인력이 커지는 만큼 밀어내는 반발력 또한 커진다. 반발력을 줄이려면 입자 사이에 적당한 간격을 두어야 한다.

가을이 가고 겨울이 지나면 남녘에서 어린 칡 줄기가 봄 마중을 먼저 나올 것이다. 느티나무 햇가지도 연녹색 꽃자리를 꿈틀거리기 시작할 것이다. 그때 나는 어떤 나무를 준비하고, 어느 숲에서 어느 만큼의 간격으로 내 그림자를 유지할지 벌써부터 곰곰 생각하고 생각한다.

_____ 인생의 진짜 친구는 몇 명? 던바의 법칙

옥스퍼드대 진화생물학 교수 로빈 던바는 저서 《우리에게는 얼마나 많은 친구가 필요한가?(How many friends does one person need?)》에서 한 사람이 제대로 사귈 수 있는 친구의 수는 최대 150명이라고 얘기했다.

국내에 '발칙한 진화론'이라는 제목으로 번역된 이 책에 따르면, 디지털 세대의 인맥이 아무리 넓어도 진짜 친구 수는 더 이상 늘어나지 않는다. 이것이 '던바의 수' '던바의 법칙'이다.

그는 아프리카 야생 원숭이의 집단 생활을 관찰한 결과, 영장류의 대뇌 신피질 크기를 고려할 때 친밀 관계를 맺는 대상이 150명을 넘지 않는다는 결론을 내렸다. 부족 사회도 평균 구성원이 153명으로 조사됐다. 영국인이 크리스마스 카드를 보낼 때 받는 사람의 숫자 역시 가족을 포함해 평균 150명이었다.

공조직 규모도 비슷하다. 로마군의 기본 전투 단위인 보병 중대는 약 130명이었다. 현대의 중대 단위도 130~150명이다. 고어텍스 제조사인 고어는 공장 조직을 150명 단위로 운영한다. 공동체 생활을 하는 개신교 일파인 아미시 마을도 구성원이 150명을 넘으면 둘로 나눈다. 하나같이 인간 관계의 양적 크기보다 질적 깊이가 중요하다는 것을 일깨워 준다.

던바의 법칙은 3배수 법칙으로도 불린다. 곤란한 상황이 닥쳤을 때 도움을 청할 수 있는 진짜 절친은 5명, 그다음 절친은 15명, 좋은 친구는 50명, 그냥 친구는 150명, 아는 사람은 500명, 알 것도 같은 사람은 1,500명이라는 것이다. 국내 설문 조사에서도 "진짜 친구는 5명 이하"라는 응답이 70퍼센트를 차지했다. 소셜미디어는 비난과 욕설 때문에 우울감을 유발하기도 한다. 페이스북이 2017년 '익명 친구 칭찬 앱'인 TBH(To be Honest)를 인수한 것도 이런 피로감과 혐오의 부작용을 줄여 보려는 시도다.

어려울 때 속을 터놓을 수 있는 친구는 신뢰와 헌신이라는 최고의 가치를 공유한 인생 동반자다. 구양수는 그런 친구에게 "저기 호숫가에 한 동이 술이 있으니 / 만 리 밖 하늘 끝 사람을 떠올리노라"고 노래했다. 여기에 덧붙인 후세 사람들의 대구도 절묘하다. "술은 지기를 만나면 천 잔도 부족하고 / 말은 뜻이 안 맞으면 반 마디도 많다네(酒逢知己千杯少 話不投機半句多)."

던바의 법칙을 굳이 떠올리지 않더라도 오늘같이 좋은 날, 마음 통하고 뜻 맞는 친구들과 '천 잔 술'을 능가할 만큼 속 깊은 얘기를 나눌 생각을 하면 벌써부터 마음이 환해진다.

나무 심는 CEO를 위한 책

나무처럼 생각하고, 나무를 공부하라

《나무처럼 생각하기》, 자크 타상 지음

"땅속에 뿌리를 박고 하늘에 가지를 걸치고 있는 나무, 그것은 별과 우리 사이를 잇는 길이다."

프랑스의 시인이자 철학자이며 식물생태학자인 자크 타상은 《나무처럼 생각하기》에 생텍쥐페리의 명구를 인용했다. 그는 이를 "우리의 몸과 마음에는 나무의 흔적이 고스란히 남아 있다"고 재해석했다. 이 문장을 좀 더 풀어 옮기면 이렇다.

"우리는 생물과 끝없이 접촉하면서 천천히 진화한, 근본적으로 '생물학적 영감'을 받은 존재다. 생물 세계와의 관계가 형성되기도 전에 우리는 이미 감성적 유대를 유지하고 있는 것이다. 이때 나무는 우리에게 끊임없이 신호를 보낸다. 인간의 기나긴 여정 동안 인간과 세계를 연결해 준 것이 바로 나무다. 그래서 우리가 현재 살아가고 있는 곳은 나무의 서식지이자 점령지인 한 행성이다."

인간은 신체 구성이나 소화 방식, 경작을 위한 사회 구성 등 여러 면에서 나무로부터 영향을 깊게 받는다. 생물체의 유용한 기능을 모방해 인간 생활에 적용하는 생체 모방이나 폭력성 억제와 평화로운 심성 키우기, 병으로부터의 회복 등도 나무의 영향이다. 나무는 이 행성에 오래전 터전을 잡고, 살아 있는 생물로서 끊임없이 인간에게 신호를 보내왔다. 그 결과 인간의 신체뿐만 아니라 몇몇 사유 방식이 서로 닮게 되었다고 자크 타상은 말한다.

또한 나무의 생명력이 얼마나 놀라운지를 강조한다. 그에 따르면 1940년 독일 공습으로 대영박물관에 화재가 났을 때, 147년 전 중국에서 채취한 자귀나무 씨앗이 휴면에서 깨어났다. 이스라엘의 마사다 요새에서 약 2,000년 만에 발견된 대추야자나무의 씨앗이 싹을 틔워 낸 적도 있다. 나무의 씨앗은 꽃과 잎, 가지와 열매를 거쳐 다시 땅속으로 돌아간다. 우리가 따라가지 못할 그들만의 비밀스런 순환고리를 통해 생과 사를 거듭하면서.

미국 시인 조이스 킬머가 “시는 나 같은 바보들이 만들지만 / 나무는 하나님만이 만들 수 있다네”라며 “나무보다 아름다운 시를 / 내 다시 보지 못하리”라고 노래한 뜻을 조금은 알 것 같다.

이제 우리는 어떻게 할 것인가. 자크 타상은 넌지시 알려 준다. “우선 나무처럼 생각하고, 나무처럼 공부하는 법부터 익혀라.”

미모사의 입맞춤과 관계의 힘

배려

그녀를 처음 만난 건 초여름 날 오후였다. 한적한 산길에서 얼떨결에 마주쳤다. 첫눈에 봐도 참하고 보드라운 모습이었다. 어딘가 낯이 익은 것 같기도 했다. 어디에서 봤을까, 한참 기억을 더듬어 봤지만 딱히 떠오르지는 않았다. 이리저리 생각을 굴리다 조심스레 손을 내밀었다.

그런데 갑자기 그녀가 샐쭉해졌다. 손끝을 안으로 오므리더니 아예 손을 밑으로 내려 버렸다. 무엇엔가 섭섭해서 뾰로통하게 토라진 듯했다. 새침한 것 같기도 하고 수줍어하는 것 같기도 했다. 그녀의 이름은 미모사(mimosa). 워낙 예민한 탓에 살짝 건드리기만 해도 양쪽 잎을 서로 접어 버린다고 해서 별명이 신경초(sensitive plant)다. 심하게 건드리면 잎자루를 밑으로 툭 떨어뜨리기도 한다. 특별한 자극이 없으면 낮 동안 잎을 펴고 있다가 날이 어두워지면 잎을 닫는다. 그 모습이 마치 잠자는 것 같아서 '잠풀'이라는 이름도 붙었다.

미모사라는 이름은 그리스어 미모스(mimos, 흉내 내다)에서 왔다고 한다. 잠들거나 죽은 것처럼 흉내를 내는 모습에서 유래한 명칭이다. 동양에서는 미모사를 함수초(含羞草)라고 한다. 머금을 함(含)에 부끄러울 수(羞), 풀 초(草). 건드릴 때마다 잎을 접는 모습이 수줍어서 부끄럼을 타는 것 같다 하여 그렇게 부른다.

그러고 보니 그녀의 민감 본능은 타고난 듯하다. 곤충의 날갯짓만 느껴도 잎을 접고, 해충이 제 몸에 내려앉기 전에 벌써 잎자루를 떨어뜨린다. 그녀가 이렇게 민감하게 움직이는 것은 미세한 정전기까지 몸으로 감지할 수 있기 때문이다. 곤충이 날갯짓할 때 생기는 전류가 공기를 통해 잎에 닿으면 그것을 알고 즉각 잎을 접는다. 그렇게 잎을 닫으면 해충으로부터 공격당할 확률을 줄일 수 있다. 갑자기 잎자루를 떨어뜨리면 해충이 제풀에 놀라 떨어지기도 한다. 접은 잎을 원상회복하는 데까지는 10~30분 정도 걸린다.

그녀에게는 비슷한 모습을 지닌 사촌도 있다. 저녁마다 잎을 다소곳이 모으고 자는 자귀나무다. 둘 다 콩과식물이라 잎이나 꽃 모양이 닮았다. 다만 자귀나무는 건드릴 때마다 반응하는 것이 아니라, 밤에만 잎을 닫는다. 그런 점에서 미모사보다는 덜 예민하다. 날이 어두워지면 서로 마주 보고 입을 접는 모습이 금슬 좋은 부부 같다고 해서 합환수(合歡樹, 합쳐서 기쁨을 누리는 나무)라고도 한다. 예전에 신방 앞이나 정원에 이 자귀나무를 많이 심은 것도 이런 까닭이다.

이들은 밤낮의 변화와 외부의 위험 요인을 어떻게 알아채는 것일까. 생물학자들에게 물어봤더니 이들도 몸속에 생체시계를 차고 있다고 한다. 어디에? 잎에 있다고 한다. 잎 속의 생체시계가 우리 눈에 보이지 않는 세포분열이나 기공의 개폐, 단백질과 호르몬 합성, 꽃의 꿀 분비까지 매일 일정 시각에 되풀이하도록 관리해 준다니 놀라운 일이다.

식물이 낮과 밤을 엄격하게 구분하는 이유는 무엇일까. 낮에 할 일과 밤에 할 일이 따로 있기 때문이다. 낮에는 광합성으로 양분을 만들고, 밤에는 양분을 어린잎으로 보내 잎을 키우거나 뿌리로 보내 저장한다. 낮과 밤뿐만 아니라 계절이 바뀌는 것도 알아야 한다. 그렇지 않으면 혹독한 겨울이나 뜨거운 여름에 얼거나 말라 죽을 수 있다.

그렇다면 이들도 사람처럼 기억력을 갖고 있을까. 일본 신경식물학자 히데오 토리야마의 관찰 결과를 보면, 태풍 때 강풍을 맞은 미모사는 처음에 잎을 자꾸 접다가 몇 시간 뒤부터는 바람이 불어도 잎을 접지 않았다. 선풍기를 틀어 놓고 실험했을 때도 마찬가지였다. '이건 자연현상이지 위험한 자극이 아냐'라고 생각한 듯 잎을 연 채로 일상적인 활동을 했다.

이와 달리 실내에서만 키우다 내어놓은 미모사는 바깥바람이

부는 동안 내내 잎을 접은 채 열지 않았다. 밖에서 자란 것은 바람이 통상적인 자연현상이라는 사실을 기억하기 때문에 얼마 뒤 일상으로 되돌아왔지만, 실내에서 자란 것은 이를 알지 못하고 계속 위험 상황에 대처하듯 반응한 것이다. 식물은 이처럼 기억을 지니고 있고, 그것을 유전자에 각인해서 다음 세대로 물려주기까지 한다.

그러니 미모사가 예쁘다고 자꾸 잎을 만지는 일은 하지 말아야 한다. 우리가 아무 생각 없이 내민 손에 그녀는 몸을 움츠릴 때마다 많은 에너지를 소모한다. 이런 과정을 자주 반복하면 탈진해 쓰러지기도 한다.

그해 초여름 산길에서 만난 그녀에게 멋모르고 자꾸 손을 건넸던 게 미안해진다. 다시 만나게 되면 눈빛만으로도 얼마나 달달한 인사를 주고받을 수 있는지 보여주고 싶다. 손으로 굳이 만져보지 않아도 얼마나 깊은 마음을 전달할 수 있는지 확인시켜 주고 싶다.

어느새 미모사 잎줄기에 꽃망울이 맺히기 시작한다. 그 꽃잎에 입을 맞추던 때가 생각난다. 자귀나무 가지에도 벌써 꽃이 피었겠다.

행복의 90퍼센트는 인간 관계에 달려 있다

1995년 미국 매사추세츠 메모리얼 병원. 쌍둥이 자매가 예정일보다 12주나 일찍 태어나는 바람에 인큐베이터에서 사투를 벌이고 있었다. 언니는 다행히 건강해졌지만 동생은 위태로워졌다. 의사들도 가망이 없다고 했다. 급기야 동생의 인큐베이터에서 긴박한 경고음이 울렸다.

그때 한 간호사가 언니를 동생 옆으로 데려가 눕혀 줬다. 뒤이어 놀라운 광경이 벌어졌다. 언니가 몸을 돌려 아픈 동생을 껴안아 주자 동생의 심장 박동이 정상으로 돌아오는 게 아닌가.

《관계의 힘》이라는 책에서 이들의 사진을 보고 감동을 받았다. 세상에서 가장 작은 포옹이 가장 위대한 기적을 만들어 내는 장면이었다. 이 책의 주인공도 과거의 상처 때문에 사람들을 두려워하며 미숙아처럼 위태롭게 살다가 괴짜 노인으로부터 '우리 사이의 보이지 않는 끈을 아름답게 가꾸는 것이 곧 인생의 전부'라는 것을 배운다.

말 못할 아픔이나 상처를 부드럽게 감싸 안는 것은 공감이라는 끈이다. 공감은 '안에서 느끼다'라는 독일어에서 왔다고 한다. '아, 그럴 수 있겠구나' 하는 공감 능력은 곧 치유의 한 방법이다. 경기소방재난본부의 한 소방수가 인터넷 서평에 남긴 사연도 그렇다. 그는 재난 현장의 극심한 스트레스 때문에 힘들어

하는 선후배들을 치유하는 동료 상담지도사 얘기를 들려준다. 목숨이 왔다 갔다 하는 극한 상황에서 먼저 관심을 가져주고, 먼저 다가가고, 공감하며, 칭찬하고 웃는 과정을 통해 서로를 되살린다는 것이다.

우리나라 직장인들이 가장 힘들어하는 게 '일'보다 '관계'라고 한다. 10명 중 8명이 동료나 선후배와 불화를 겪고, 3명 정도는 집에서도 가족과 대화를 하지 않는다니 참으로 각박하고 외로운 불통의 시대다.

그러나 "지식인은 어떤 사실을 알고 있고, 성공한 인물은 어떤 사람을 알고 있다"(존 디마티니)고 하지 않았던가. 철학자 키르케고르도 "행복의 90퍼센트는 인간 관계에 달려 있다"고 했다. 그러니 내가 먼저 마음을 열어 보자. 1만 명의 인맥보다 한 명의 친구를 갖는 게 더 소중하다.

오마르 워싱턴은 〈나는 배웠다〉라는 시에서 '아무리 마음 깊이 배려해도 / 어떤 사람은 꿈쩍도 않는다는 것'과 '신뢰를 쌓는 데는 여러 해가 걸려도 / 무너지는 것은 한순간이라는 것'을 깨닫고 나서 남보다 내가 먼저 움직여야 한다는 것을 배웠다고 했다. 인간 관계 역시 남에게 대접을 받고자 하는 대로 남에게 대접하라고들 말한다. 그래서 이를 황금률이라고 하지 않는가.

나무 심는 CEO를 위한 책

숲속에 희망이 있었다

《조화로운 삶》, 헬렌 니어링 · 스콧 니어링 지음

평생 자연과 더불어 살다 간 니어링 부부는 사람이 오롯이 자연과 합일된 생을 산다면 죽는 순간이 아쉽지 않으리라 여겼다. 니어링 부부의 공저 《조화로운 삶》은 20세기 서구 산업혁명과 미국 금융자본주의의 거센 물결에서 벗어나 나무와 풀, 꽃, 온갖 짐승들과 더불어 숲에서 스무 해를 산 부부의 기록이다. '시골로 가니 희망이 있었다'라는 머리말에서 보듯이 도시 생활에 찌들어 무거운 짐을 지고 사는 사람들에게 희망적인 삶의 방식을 차분히 알려 준다.

부부는 단순하게 생활하기, 긴장과 불안에서 벗어나기, 무엇이건 쓸모 있는 일을 할 기회를 누리며 조화롭게 살아가기라는 세 가지 원칙을 세우고 실천했다. 농사를 짓고, 필요에 맞춰 돈벌이를 하고, 소비를 줄이고, 육식을 하지 않고, 작물이 남으면 이웃과 나누었다. 독서와 글쓰기 등 여가를 충분히 즐기며 여유롭게 지냈다.

이들은 “삶은 우리 모두가 몸 바쳐 벌여 나가는 사업과 같다”고 썼다. 이들의 ‘사업’은 대성공이었다. 남편은 100세, 아내는 91세로 천수를 누렸고 조화로운 삶의 모범이 되었다. 나아가 그들은 우리 삶의 뿌리가 자연에 맞닿아 있다는 것을 깨닫고, 자연의 신비한 힘이 숲속의 나무처럼 서로를 존중하며 조화롭게 공생하는 것에서 비롯된다는 것도 알게 되었다. 생사불이(生死不二)의 원리와 ‘조화로운 삶’의 근원이 곧 자연이고, 숲이고, 나무였다. 숲속에 희망이 있었다.

식물의 뇌에서 배우는 소통의 기술

소통

식물은 지구 생명체의 99.7퍼센트를 차지한다. 인간과 동물은 0.3퍼센트밖에 되지 않는다. 생성 시기도 식물이 훨씬 빠르다. 식물의 감각은 인간의 오감을 넘어선다고 한다.

행동 방식도 다양하다. 기온이나 습도, 전기장, 소리의 진동, 산소와 이산화탄소 농도 같은 외부 요소를 섬세하게 감지해서 뿌리 뻗을 곳을 정한다. 자신에게 필요한 영양분의 양에 비해 상대적으로 많은 뿌리를 뻗는 것은 당장의 수요보다 미래에 발견될지 모르는 영양소를 미리 확보하려는 전략이다.

몸짓을 통한 의사소통은 더욱 놀랍다. 친족과 같은 공간에서 자랄 때에는 지하의 뿌리 경쟁을 자제하고 지상의 생장에 더 많은 에너지를 투자한다. 소나무는 이웃한 나무가 아무리 가까이에 있더라도 서로의 광합성 영역을 침범하지 않는다. 이른바

'수관(樹冠) 기피'의 지혜다. 수많은 꽃을 피우는 콩과식물 루핀은 벌이 한번 수정한 꽃잎의 색깔을 파랗게 바꿔 다른 벌의 헛수고를 덜어 준다.

식물에게 지능이 있다는 믿음은 기원전 데모크리토스와 플라톤부터 근대의 린네와 페히너, 20세기 찬드라 보스까지 이어져 왔다. 다윈은 식물이 우리 생각보다 훨씬 더 진보한 생물체라며 뇌와 같은 기능을 하는 구조가 뿌리에 존재한다는 루트브레인(Root-Brain) 가설을 제시했다. 뿌리가 다른 부분의 운동을 지휘하는 뇌와 비슷한 역할을 한다는 것이다. 그러나 그 메커니즘의 비밀은 아직 완전히 밝혀지지 않았다.

서울대 연구팀이 2016년 국제학술지에 발표한 논문은 여러 면에서 흥미를 끌었다. 땅속에서 빛을 인식하지 못한다고 알려진 식물 뿌리가 햇빛을 전달받고 생물학적 반응을 일으키는 과정을 처음 밝혀 낸 것이었다. 잎에서 흡수한 빛을 관다발로 전달받은 뿌리가 이를 분석해 잎과 줄기 등의 생장에 필요한 정보로 내보낸다는 게 증명됐다. 식물의 뿌리가 컨트롤 허브(정보 조절 중심) 즉, 사람의 뇌 기능을 담당하는 것으로 확인된 것이다.

앞으로 뿌리의 빛 인지 능력을 조절해 토양 스트레스에 대한 저항력을 높이고 특정 환경에 더 잘 적응하는 농작물 신품종을 개발하는 데까지 연구가 발전해 갈 것이라고 한다. 루트브레인 가설의 타당성을 검증하는 데에도 결정적으로 기여할 것으로 기대된다.

그러고 보니 식량부터 의약품, 에너지, 설비 등 우리가 식물에 의존하지 않는 게 거의 없다. 식물은 인간 없이 살 수 있지만 인간은 식물 없이 살 수 없다. 생명은 오묘하다.

_____ 상대의 마음속으로 들어가는 '한 걸음의 마력'

미국 신경과학 전문가 앤드루 뉴버그와 의사소통 전문가 마크 로버트 월드먼은 뇌 연구 도중 특별한 현상을 발견했다. 조화롭고 이상적인 대화를 나눌 때 두 개의 뇌신경이 서로 공조하는 순간을 포착한 것이다.

두 사람은 이 짧은 순간을 극대화하기 위한 전략을 세웠고 마침내 '연민소통법'을 창안했다. 연민소통의 핵심은 상대방을 밀어내는 마음속의 방어기제를 차단하고 공감과 신뢰감을 자극하는 것이다.

미국 텍사스대 연구진이 연인 86쌍을 분석한 결과 긍정적인 감정언어를 많이 사용한 커플이 훨씬 더 행복하고 교제 기간도 길다는 것을 확인했는데 이것도 마찬가지다. 긍정적인 소통 방법은 개인뿐만 아니라 사회 전체를 부드럽게 만든다.

직원들이 선뜻 동의하기 어려운 경영 전략이라도 이를 지혜롭게 추진하는 방법은 얼마든지 있다. 커뮤니케이션 전문가 로버트 치알디니가 들려주는 '한 걸음의 마력' 사례가 흥미롭다.

도로교통안전위원회에서 나온 사람이 현관문을 두드리고 앞마당에 안전운전 표지판을 세워 달라고 했다. 집주인들의 17퍼센트가 부탁을 들어줬다. 그런데 한 가지 요소를 덧붙였더니 76퍼센트가 동의했다. 창문 앞에 작은 표지판을 세워도 되겠냐고 물어보고 동의를 얻은 뒤 잔디밭에 큰 표지판을 세우는 동의를 아주 쉽게 얻어 낸 것이다.

전문가들이 이구동성으로 강조하는 의사소통법은 9가지다. 듣기를 잘해야 하고, 상대 입장을 존중하며, 내 대화법을 바꾸면서 상대의 마음속에 들어가 보는 것이 키포인트다. 또 입장 바꾸기와 대화의 양 조절하기, 부정적인 것보다 긍정적인 것에 초점 두기, 상황과 맥락에 맞도록 말하기, 혼자 떠들지 말기도 중요한 지침이다.

그런데 어떤 사람은 한 시간 내내 자기 말만 늘어놓고도 부끄러운 줄 모른다. 오히려 돌아가서 "아, 오늘 정말 많은 얘기를 나눴다"며 자화자찬을 늘어놓는다. 이런 것은 일방적인 언어폭력이지 소통이 아니다.

나무 심는 CEO를 위한 책

식물의 지능이 일깨워 준 역지사지의 지혜

《매혹하는 식물의 뇌》, 스테파노 만쿠소 · 알레산드라 비올라 지음

《매혹하는 식물의 뇌》는 식물생리학자 스테파노 만쿠소와 알레산드라 비올라가 식물지능학의 여러 근거와 맥락을 밝힌 책이다.

'식물의 지능'이라는 명제가 학계에 제기된 것은 아리스토텔레스보다 100년이나 앞서 살던 데모크리토스 시절이다. 데모크리토스는 나무를 거꾸로 선 인간과 비교해 "머리는 땅속에, 다리는 공중에 있다"고 주장했다.

오랜 연구를 통해 식물에 지능이 있다는 사실을 알게 된 것은 19세기 후반이다. 주인공은 식물학의 창시자로 불리는 페데리코 델피노다. 그는 식물이 꽃 아닌 다른 부위에서 당밀을 만들어 내는 이유를 궁금해했다. 연구를 거듭한 그는 이것이 개미를 끌어모아 해충을 쫓아내고자 하는 식물의 작전이었다는 것을 알아냈다. 이는 먹잇감을 적으로부터 지키는 개미를 유인해

서 방위군으로 활용하는 식물의 지혜였다.

거의 모든 식물은 곤충의 공격을 받으면 화학적 억제 물질을 내뿜어서 쫓아낸다. 아프리카가 원산지인 아카시아의 경우, 염소나 영양이 잎을 뜯어먹으려고 하면 놀라운 화학전을 시작한다. 잎의 타닌 성분과 단백질을 결합시켜 소화하기 힘든 성분을 만드는 것이다. 또한 잎을 뜯어먹힌 아카시아는 주변의 아카시아에게 화학물질 암호를 발산시켜 신호를 받은 아카시아가 잎을 맛없게 만드는 화학반응을 일으키게 한다. 이렇게 다양한 전략을 구사하며 오랫동안 살아남는 것은 지능이 없다면 어려운 일이다.

식물과 동물의 생존 방식이 달라진 것은 오래전 일이다. 식물은 붙박힌 삶을, 동물은 움직이는 삶을 택했다. 붙박이는 포식자들의 먹잇감으로 노출되기 쉽다. 식물은 이를 미리 짐작이라도 한 듯 어떤 부위가 뜯어 먹혀도 재생 가능한 몸으로 변모했다. 반면 동물은 유기적인 장기 구조로 인해 신체 일부가 상처를 입으면 그것으로부터 큰 영향을 받는다. 식물의 이런 모듈화는 아주 지능적인 선택이었다.

우리가 과학적 사고를 바탕으로 식물의 지능을 더 연구한다면 다른 생물의 지능 연구에도 큰 도움이 될 것이다. 생명공학과 미래 비즈니스의 지평까지 넓힐 수 있겠다.

느티나무가 끝까지 말하지 않은 비밀

인성

느티나무에겐 비밀이 많다. 겨울눈을 감추고 봄을 기다리는 모습부터 뭔가 내밀한 사연을 안고 있는 것 같다. 추위가 꺾이고 바람결이 부드러워지면 연한 햇가지를 슬며시 내민다. 봄이 제대로 왔는지 조심스레 살피는 햇가지들의 움직임은 느리고 은밀하다.

꽃을 피울 때도 그렇다. 4~5월이 되면 가지의 잎겨드랑이에서 연록색 꽃을 살살 밀어낸다. 놀랍게도 수꽃과 암꽃을 한 몸에 피운다. 수꽃은 햇가지 아래쪽에 여러 송이로 돋는다. 자세히 보면 수술이 4~6개 있다. 암꽃은 햇가지 끝에 한 송이만 핀다. 암술 한 개에 퇴화된 헛수술을 거느리기도 한다.

느티나무꽃은 여느 나무와 달리 녹색이다. 꽃잎이 없어 눈에 잘 띄지 않기 때문에 아는 사람이 드물다. 벌과 나비를 유인하는 향기도 없다. 자세히 관찰하지 않으면 보이지 않는다. 세상에 꽃을 감추는 나무도 있다니! 믿기 어려운 일이다.

하지만 이 볼품없는 꽃은 느티나무가 얼마나 속 깊은 마음을 지녔는지를 보여 주는 하나의 상징이기도 하다. 화려한 꽃을 자랑하는 다른 나무와는 딴판이다.

겉보기에는 이래도 속은 단단하다. 어디서나 잘 자라고 성장 속도가 빠르다. 수명도 길어 500년 넘은 노거수가 많다. 다 자랐을 때의 높이는 20~35미터, 지름이 3미터에 이른다. 가지를 사방으로 고르게 뻗고 잎이 무성해서 정자나무로 사랑받는다.

시골마을 입구를 지키는 거목의 대부분은 느티나무다. 몇 백 년 동안 한 자리를 지켜 왔기에 보고 들은 사연도 갖가지다. 경남 의령 세간리에 있는 큰 느티나무는 '현고수(懸鼓樹)'라는 이름을 갖고 있다. 임진왜란 때 홍의장군 곽재우가 이 나무에 북을 달고 치면서 의병을 모집했다고 한다.

대구 동구 파계사에는 영조 임금의 탄생 설화를 간직한 '영조나무'가 있고, 수성구 고산서당에는 퇴계 이황 이야기를 지닌 '이황나무'가 있다. 충북 영동의 350년 된 느티나무는 '독립군 나무'로 불린다. 일제강점기 때 마을 사람들이 나무에 헝겊을 걸어 일본 순사들의 감시 상태를 알린 덕에 독립 운동가들이 무사할 수 있었다. 3 · 1운동 때 서울에서 영 · 호남지방으로 독립선언문을 전달하는 데에도 큰 역할을 했다.

우리나라에서 오래된 느티나무가 많이 있는 곳은 충북 괴산이다. 괴산의 '괴(槐)'는 느티나무를 뜻하는 한자다. 괴산군 장연면 우령마을에는 800년 된 천연기념물 느티나무가 있다.

느티나무는 농부들에게 한 해 농사가 어떨지 암시해 주기도 한다. 잎을 한꺼번에 많이 피우면 풍년이 들고, 그렇지 않으면 흉년이 든다는 것을 넌지시 알려 준다.

이렇게 수많은 이야기를 안고 있는 느티나무는 사람들에게 더없이 아늑한 휴식을 제공한다. 쉴 휴(休)자는 사람[人]이 나무[木] 그늘 아래에 있는 것을 의미한다. 여름날 시원한 바람 속에 누워 있다 보면 달콤한 잠에 빠지기도 한다. 꿈속에서 기뻐하고 슬퍼하는 동안 입술을 실룩이기도 하고 이마를 찡그리기도 한다. 느티나무는 그 표정만 보고도 무슨 꿈을 꾸는지 안다.

느티나무는 품이 넓고 잎이 무성한 데다 귀까지 밝다. 그러나 입은 무겁다. 비밀을 끝까지 지킨다. 연인들이 나눈 밀어도 제 몸에 새길 뿐 발설하지 않는다. 그래서 느티나무 껍질에는 청춘의 밀어들이 촘촘하게 박혀 있다. 몸속 무늬에도 은밀한 사연들이 나이테처럼 새겨져 있다. 때로는 안타까운 사랑의 현장을 목격하기도 한다.

강신재 소설 〈젊은 느티나무〉에서는 풋풋한 젊음과 사랑의 증인이 된다. 이 작품에서 느티나무는 부모의 재혼으로 오누이가 된 스물두 살 청년과 열여덟 살 여고생의 비밀을 공유한다.

"그에게서는 언제나 비누 냄새가 난다"로 시작하는 첫 문장처럼 순수하고 설레는 둘의 사랑과 위기는 '젊은 느티나무' 덕분에 눈물과 환희로 승화된다. 느티나무 사이의 옅은 들장미 향기와 원피스 자락 위에 놓인 흰 꽃잎, 급한 비탈을 막 올라오는 청년 …. 그 앞에서 느티나무를 안고 소녀는 눈물을 그득 담은 채 환하게 웃는다. 펑펑 울면서 온 하늘로 퍼져 가는 웃음을.

느티나무는 내 어릴 적 비밀도 알고 있다. 막걸리 심부름을 하다 몰래 주전자 주둥이를 빨아먹고 시침 떼던 옛일을 짐짓 모른 체해 준다. 책값 받아 사탕, 과자 사먹고 혼날까 봐 신발코만 콩콩 찧던 그날 저녁의 비밀도 일러바치지 않는다.

그런 느티나무가 고마워서 나는 곁을 지날 때마다 그 든든한 둥치를 안아보곤 한다. 지난겨울 혹한 속에서 무슨 일을 겪었는지, 올봄에는 누구를 생각하며 암수 꽃을 한꺼번에 피워 올렸는지 궁금해도 물어보지 않는다. 속 깊은 친구끼리는 미주알고주알, 밑두리콧두리 말하지 않고 눈빛만 봐도 모든 것을 다 알 수 있듯이.

______ 나이테만큼 깊어지는 노인의 지혜

연륜이 쌓일수록 깊어지는 노년의 지혜는 어디에서 나오는가. 캐나다 토론토대 연구진에 따르면 사람의 판단력은 청년기보다 노년기에 더 성숙해진다.

인간의 2대 지능 중 하나는 기억 중심의 유동지능(流動知能)이고, 또 하나는 경험 위주의 결정지능(結晶知能)이다.

유동지능은 연산 · 기억력 등 생래적인 것으로 한창 교육받는 젊은 시절에 활성화된다. 반면 결정지능은 훈련 · 판단 등 후천적인 것으로 사회 경험이 풍부한 노년 시기에 강화된다. 이것이 노인들의 의사 결정이나 문제 해결에 도움이 된다고 한다.

할리우드 영화 〈인턴〉에서 70세의 시니어 인턴 벤(로버트 드니로)이 30세 여성 경영자 줄스(앤 해서웨이)에게 멘토 역할을 해준 것도 같은 맥락이다. "지혜는 모든 부를 뛰어넘는다"는 소포클레스의 명언 또한 이 원리에서 나왔다.

노인의 지혜를 보여 주는 사례는 많다. 두 마리 말 중 어미와 자식을 구분해 보라는 수수께끼에 "풀을 줘서 먼저 먹는 쪽이 새끼"라고 답해 목숨을 건진 얘기는 잘 알려진 이야기다. '상속의 지혜'도 자주 인용되는 얘기다.

한 노인이 소 17마리를 남기고 죽으면서 큰아들에게 2분의 1, 작은아들에게 3분의 1, 막내에게 9분의 1을 가지라고 유언했다. 아무리 나눠도 답이 나오지 않자 아들들은 동네 어르신에게 답을 구했다. 그는 "1마리를 빌려줄 테니 18마리 중 각각 9마리, 6마리, 2마리를 갖고 남은 1마리는 다시 날 주게"라고 했다.

2018년 8월 일본에서 경찰과 소방관 500여 명이 사흘 동안 찾지 못한 실종 아동을 30분 만에 찾아내 화제를 모은 78세 남성 오바타 씨는 어떤가. 그가 아이를 금방 발견할 수 있었던 비결은 의외로 간단했다. 자원봉사자인 그는 "애들이 길을 잃으면 높은 곳으로 올라가는 습성이 있다. 이 점에 착안해 뒷산을 집중 수색한 덕분"이라고 말했다.

물론 나이 든 사람이라고 해서 모두가 지혜로운 것은 아니다. 늙어서 탐욕을 부리는 노욕(老慾)이나 노탐(老貪), 신체적 · 정신적으로 보기 민망한 노추(老醜)는 경계해야 한다. 젊은이들과 함께 호흡하며 세대 간 연대를 강화해야 한다. 노인의 지혜만큼이나 중요한 것이 지혜로운 노인이 되려는 노력이다. 그래야 젊은이들의 희망이 될 수 있다.

헤밍웨이 소설 《노인과 바다》에서 84일째 고기 한 마리 잡지 못했지만 필사적으로 노력하는 노인의 모습은 그의 곁에서 응원하고 위로하는 소년의 미래상이기도 하다. 그 꿈과 용기가 소년에게 이어지고 소년이 자라 노인이 되듯, 우리 삶도 그렇게 이어진다. 그래서 노인은 가정의 꽃인 아이들을 비추는 지혜의 등불이다.

나무 심는 CEO를 위한 책

스마트 에이징, 현명하게 나이 들려면

《뉴 롱 라이프》, 린다 그래튼·앤드루 J. 스콧 지음

치매환자 152명이 자유롭게 생활하는 네덜란드의 암스테르담 외곽의 호그벡 마을 이야기는 놀랍다. 1만 5,000제곱미터 반경의 마을에는 20여 곳의 집과 극장, 커피숍, 슈퍼마켓, 레스토랑, 공원, 미용실 등이 갖추어져 있다. 이 마을에서는 치매 환자들이 간병인과 공동 생활을 하면서 자원봉사자들과도 함께 어울려 지낸다.

환자들은 자신이 환자인 줄 모른 채 이웃들과 자연스럽게 살아간다. 영화 〈트루먼 쇼〉처럼 일정한 영역 내에서 완벽한 정상인으로 자유를 누릴 수 있다는 것은 환자나 가족에게 꿈같은 일이다. 전 세계는 네덜란드 정부가 벌인 획기적인 이 사업을 치매 치료의 새로운 모델로 바라보고 있다.

눈앞에 초고령사회를 앞두고 있는 우리도 이제는 노인 돌봄 문제를 정부가 나서서 가장 효과적이고 도덕적인 방법으로 풀어

나가야 하는 시대가 되었다. 개인과 가정의 문제만이 아니라 누구나 겪을 미래의 일이어서 공동으로 함께 해결해야 하고, 집단 지성도 발휘해야 한다.

《뉴 롱 라이프》에서는 인공지능 로봇 시대에 100세 넘게 생존할 인간은 과연 무엇을 하고 살 것인가 하는 질문을 던진다. 이 질문은 알츠하이머성 치매나 류마티스 관절염 때문에 휠체어 신세를 지는 노인들에게만 던져지는 것이 아니다. 개인과 정부, 기업, 젊은 세대 모두에게 하는 물음이다.

질문을 바꿔도 마찬가지다. 장수하려고 기를 쓰며 노력했는데 막상 노년에는 어떻게 살 것이며, 건강한 장수 인구에 대한 정부의 대책은 무엇인가? 우리는 미래를 어떻게 준비해야 하는가?

네덜란드 호그벡 마을에서 어떤 일이 펼쳐지는지 세심하게 관찰해 보면 해답의 단초를 찾을 수 있을지도 모르겠다.

외로움은 리더를 따라다닌다
고독

겨울 제주에 와서 수선화 꽃밭에 들렀다. 희고 노란 꽃무리가 구름 같다. 제주 한림공원에는 혹한을 견딘 수선화가 50여만 송이나 피었다. 제주에 자생하는 제주수선화보다 하얀 꽃받침에 금빛 망울을 올린 '금잔옥대 수선화'가 더 많다. 한라산에 눈발이 날리는데도 여린 꽃잎을 피웠으니 설중화(雪中花)라 할 만하다.

겨울 수선화는 똑같이 눈 속에 피는 꽃이지만 매화나 동백과 달리, 몸체가 가녀려서 더욱 마음이 끌린다. 추사 김정희가 유배 살던 서귀포 대정읍 일대에도 수선화가 앞다퉈 망울을 터뜨렸다. 대정향교에서 안덕 계곡까지 이어지는 추사 유배길 또한 길쭉한 수선화 밭으로 변했다.

추사는 54세 때인 1840년 이곳에 와서 8년 넘게 유배 생활을 했다. 외로운 적소의 밤을 함께 보내고, 간난의 시간을 함께 견던 꽃이 수선화였다. 그는 수선화를 워낙 좋아해서 여러 편의 시를 남겼다. 〈수선화(水仙花)〉라는 시에서는 수선화를 '해탈신선'이라고 극찬했다.

날씨는 차가워도 꽃봉오리 둥글둥글
그윽하고 담백한 기풍 참으로 빼어나다.
매화나무 고고하지만 뜰 벗어나지 못하는데
맑은 물에 핀 너 해탈한 신선을 보는구나.

추사가 유배지 제주에 닿았을 때, 수선화가 지천에 널려 있는 것을 보고 놀라움을 금치 못했다고 한다. 그는 들판을 가득 메운 수선화를 보고는 감격해서 친구 권돈인에게 편지를 썼다.

"수선화가 천하에 큰 구경거리입니다. 산과 들, 밭둑 사이가 마치 흰 구름이 질펀하게 깔려 있는 듯, 흰 눈이 광대하게 쌓여 있는 듯하기도 합니다."

그러나 농부들이 소와 말 먹이로 쓰거나 보리밭을 해친다며 파내어 버리는 걸 보고는 매우 안타까워했다. 마구잡이로 버려지는 수선화를 보면서 그는 절해고도에 갇힌 자신의 처지를 돌아봤을 것이다. "꽃이 제자리를 얻지 못함이 안쓰럽다"고 한탄한 것도 이런 까닭이리라.

수선화는 아름다운 꽃을 피우고도 열매를 맺지 못한다. 구근

식물이어서 뿌리로만 번식한다. 아무리 꽃이 고와도 꽃가루받이를 못하므로 열매를 맺을 수 없다. 그런 점에서 수선화는 참으로 외로운 꽃이다. 씨앗 하나 남기지 못하고 땅속줄기로만 후세를 이어가야 하니, 외로움이 끝도 없다.

180년 전 추사의 심정이 그랬을지 모른다. 깊은 고독을 견디는 땅속뿌리의 자세로 그는 〈세한도(歲寒圖)〉를 그리고, 독창적인 추사체를 완성했다. 칠십 평생에 10개의 벼루를 갈아 없애고 1,000자루의 붓을 다 닳게 했던 그의 글씨와 그림은 이런 시련 속에서 태어났다. 그 과정에서 추사의 마음을 아프게 하면서도 따뜻하게 달래 준 것이 곧 수선화였으니, 둘은 한 몸에서 난 꽃과 뿌리인 셈이다.

수선화의 원산지는 지중해 연안이다. 이름[narcissus]은 그리스 신화 속의 미소년 나르키소스에서 유래했다. 소년이 호수에 비친 자기 얼굴에 반해 빠져 죽은 자리에서 수선화가 피었다고 한다. 그래서 꽃말이 자아도취 또는 자기애다. 나르시시즘도 여기에서 비롯된 말이다.

나르키소스 신화는 수많은 이야기로 변주되었다. 그중에서도 오스카 와일드가 각색한 이야기가 눈길을 끈다. 나르키소스가 죽었을 때 요정들이 찾아와 호수를 위로했다. 그러자 호수는 "나르키소스가 그렇게 아름다웠나요?"라고 반문했다. "아니, 그대만큼 잘 아는 이가 어디 있겠어요?" 호수는 한참 뒤 입을 열었다. "그가 그토록 아름다운지는 몰랐어요. 저는 그의 눈에 비친 제 모습만 보았거든요."

나르키소스와 호수가 서로 '자기만' 생각했다는 것이다. 그만큼 서로 외로운 존재였다는 얘기이기도 하다. 많은 리더들을 만나 보면 그들의 모습에서도 수선화의 외로움이 느껴진다. 깊은 고독을 견뎌야 했던 추사처럼 누구에게 기대지도 못하고 문제를 미룰 수도 없으며, 의사 결정과 그에 따른 책임과 파장도 오롯이 자신의 몫이다. 성공에 취한 후 밀려오는 나르키소스와 호수의 외로움까지. 외로움은 모든 리더를 따라다닌다.

조금 있으면 제주뿐만 아니라 남부지방 곳곳에 수선화가 만발할 것이다. 여행에서 돌아와 '거울 앞에 선' 내 마음의 밭에도 꽃향이 묻어날 것이다. 리더여, 더 이상 외로워 말자. 그 외로움이 자신에게 부정적 영향을 주거나 힘들게 하지 말자. 만발한 수선화가 곳곳에 꽃향기를 뿌리듯 외로움은 리더가 가는 길에 함께 가야 할 친구이기도 하니, 이제 그 길 위에 핀 수선화 꽃잎에 눈을 맞춰 보자.

배우 로빈 윌리엄스의 남모를 슬픔

풍자문학의 대가 마크 트웨인은 “유머의 비밀스런 원천은 기쁨이 아니라 슬픔”이라고 했다. 배꼽 잡게 하는 웃음의 이면에는 눈물이 고여 있다. 평생 남을 웃기는 희극배우의 익살 뒤에도 깊은 슬픔이 배어 있다.

할리우드 명배우 겸 코미디언 로빈 윌리엄스가 2014년 갑작스럽게 스스로 삶을 마감했을 때, 그의 유머에 웃고 울던 팬들은 망연자실했다. 두 달 뒤 로빈의 아내는 부검 소견서를 통해 그가 루이소체치매를 앓았다는 것을 알게 되었다.

그는 병명도 모른 채 인지 장애, 손발 떨림, 불안, 환각에 시달리며 영화와 드라마 촬영장에서 안간힘을 썼다. 평소 기발한 애드리브로 제작진을 놀라게 했던 그는 대사를 제대로 외울 수도 없었고, 경련이 오는 팔은 주머니 속에 감춰야 했다. 공황장애로 발작도 일으켰다.

정신이 돌아오면 뇌를 재부팅하고 싶다며 곤혹스러워했다. 마지막 2년의 의료 기록을 분석한 의사들은 “전례 없이 파괴적인 치매로 뇌의 모든 영역이 침해됐는데 그가 걷고 움직였다는 건 기적”이라고 말했다.

루이소체치매는 알츠하이머병과 파킨슨병 증상이 모두 나타나는 질환이다. 파킨슨 증상 때문에 운동 기능이 저하되고, 알츠하이머 증상으로 인지 기능까지 떨어진다. 안타깝게도 그는 파킨슨병 진단만 받았고, 거기에 치중한 약물 치료와 부작용으로 매우 힘들어했다.

그의 인생도 고통스러웠다. 밤무대 스탠딩 코미디로 연기를 시작한 그는 삶의 고비를 넘나들며 자신을 다잡는 동안 세상에 유머와 감동을 선사했다. 절친인 '슈퍼맨' 배우 크리스토퍼 리브가 사고로 전신마비가 되었을 때 의사 복장으로 찾아가 웃겨 주기도 했다.

그는 영화 〈죽은 시인의 사회〉에서 학생들에게 '카르페 디엠(살고 있는 지금 이 순간에 충실하라)!'을 설파했고, 죽기 열흘 전에는 딸을 껴안은 사진과 함께 "여전히 내게는 아기인 젤다, 생일 축하하고 사랑해"라는 말을 남겼다. 그를 아끼는 사람들은 그를 그리워하며 그가 진짜 바라던 소원은 무엇이었는지와 그의 죽음에 관한 소문과 진실을 담은 다큐 영화 〈로빈의 소원〉을 만들기도 했다.

해맑은 웃음으로 사람들을 위로하면서도 내면에 남모를 슬픔을 안고 살았던 명배우 로빈. 희극과 비극을 넘나든 그는 우울증으로 힘겨워했다. 영화 〈굿 윌 헌팅〉에서 심리학 교수를 연기하며 "네 잘못이 아니야"라고 주인공을 위로하던 그의 명대사는 정작 그에게 가장 필요한 말이었는지도 모른다.

예나 지금이나 희극인은 삶의 모순이나 사회 부조리를 풍자하며 남에게 웃음을 선사하는 사람이다. 그냥 웃기려는 게 아니라 웃음 뒤에 찾아오는 생의 의미를 발견하도록 돕는 게 그들의 궁극적인 임무다. 우리가 그들의 연기에 배꼽 잡고 웃다가 어느 순간 썰물처럼 가슴 적시는 슬픔에 빠지는 것도 바로 이 때문이다.

희극인은 스스로 웃어선 안 된다. 평소에도 피나는 노력으로 자신을 단련해야 한다. 슬픈 광대 역할의 피에로 얼굴에 눈물 무늬가 그려져 있듯이 얼굴로는 웃지만 마음으로는 우는 사람이 희극인이다.

빌리 조엘의 명곡 〈레닌그라드〉에도 피에로가 등장한다. 빌리 조엘은 1987년 소련 공연에서 빅토르 라지노프라는 피에로를 만나게 된다. 빅토르는 역사상 가장 길고 파괴적이었던 포위전 레닌그라드 전투에서 아버지를 잃은 채 평생 웃음을 잃고 살아가고 있었다. 하지만 그는 피에로가 되어 아이들에게 웃음을 선사하려고 했고, 빌리 조엘의 아들도 빅토르로 인해 웃음을 짓는다.

빌리 조엘은 빅토르의 웃음 뒤에 상처가 깊게 숨겨져 있다는 것을 알게 되었고, 2015년 뉴욕 매디슨스퀘어가든에서 그를 위해 라이브로 〈레닌그라드〉를 불러 준다. 그 외에 영화 〈조커〉를 본 관객들 또한 "분해도 웃어야 하는 게 내 모습 같아서 울었다"며 동질감을 느낀다.

독일 희극작가 카를 발렌틴의 말처럼 희극인은 세상에서 제일 슬픈 사람이다. 자기의 익살에도 웃을 수 없으니 말이다. “인생은 가까이서 보면 비극이고 멀리서 보면 희극”이라는 찰리 채플린의 명언도 그냥 나온 게 아니다.

나무 심는 CEO를 위한 책

40년간 심은 나무로 울창한 숲을 만든 남자

《나무를 심은 사람》, 장 지오노 지음

이 책은 1953년 처음 발표된 후 지금까지 25개 언어로 번역 출판되어 세계적으로 널리 읽히는 우리 시대의 생태 고전이다. 깊이 있는 문학적 향기와 강렬한 메시지로 전 세계인들에게 묵직한 울림을 전해주는 이 짧은 단편 소설은 장 지오노의 대표작이기도 하다.

혼자 살면서 여러 해 동안 끊임없이 나무를 심은 한 남자가 있었다. 쉰다섯 살의 양치기 엘제아르 부피에. 그는 하나밖에 없는 아들과 아내가 세상을 떠난 후, 고독 속에서 양들과 개와 함께 한가롭게 살아가고 있었다.

그는 나무가 없어서 이 땅이 죽어가고 있다고 생각했다. 그래서 나무를 심고 가꾸어 황폐했던 땅에 희망을 불어넣기로 결심한다. 그가 나무를 심어가고 있는 동안 세상은 온통 전쟁에 휩싸였지만, 그는 마음을 쓰지 않았다. 오로지 자신의 일만을 묵묵히 계속해 나갔다.

모든 것은 되살아나기 시작했다. 메마른 땅에는 채소와 꽃들, 보리와 호밀이 자라났고 잎이 무성하게 자란 나무는 부활을 알렸다. 잘 단장된 아담하고 깨끗한 농가들은 이 땅에 희망이 되돌아왔음을 보여 주었다. 엘제아르 부피에 덕분에 단 3명만 살고 있던 마을은 어느덧 1만 명의 행복한 사람들로 가득 차게 되었다. 40년에 걸친 노력의 결실이었다.

마을 사람들은 주인공 엘제아르 부피에가 철저한 고독 속에서 이 모든 일들을 이루어 나갔다는 것을 알고 있었을까? 말년에는 말하는 습관조차 잊을 만큼 철저한 고독이었다. 그는 모두가 행복해질 수 있는 방법을 고독 속에서 보이지 않는 꾸준함으로 홀로 실천해 나간 것이다. 멋진 인생은 고독을 두려워하지 않는다.

나무의 생태인문학과 골든 에이지

생명

나이 먹을수록 나무가 달리 보인다. 봄나무는 빨리 성장하지만 무르고, 겨울나무는 더디 자라지만 단단하다. 꽃 피고 질 때의 밀도도 다르다. 계절따라 바뀌는 나무의 생장 과정에 우리 삶을 비춰 본다.

나무 목(木)은 뿌리와 줄기의 형태를 본뜬 글자다. 대지에 뿌리를 깊게 박고 하늘로 가지를 펼친 모양이다. 뿌리에 가로줄(一)을 그으면 근본 본(本)이 된다. 나무의 근본이 뿌리라는 의미다. 가로줄을 가지에 짧게 그으면 아직 열매를 맺지 않았다는 뜻의 아닐 미(未), 길게 그으면 가지 꼭대기라는 뜻의 끝 말(末)이 된다.

또 다른 한자로 나무 수(樹)가 있다. 목(木)이 죽은 나무(고목)나 재료(목재)까지 포함하는 개념인 데 비해, 수(樹)는 살아 있는 나무(가로수)나 생물학적 분류로서의 나무(활엽수, 침엽수)를 가리킨다. 나무의 액체를 수액(樹液), 나이를 수령(樹齡)이라고 하는 이유가 여기에 있다.

나무 목(木)이 둘 모이면 수풀 림(林), 셋이 모이면 수풀 삼(森)이다. 많은 나무가 늘어선 모습이어서 숲을 삼림이라고 한다. 우주의 모든 현상을 의미하는 삼라만상(森羅萬象)도 이 한자에서 유래했다.

우리나라 사람들이 가장 좋아하는 소나무[松]는 목(木)과 공(公)을 합친 글자다. 진시황이 태산에 올랐다가 큰 소나무 아래에서 비를 피한 뒤 '오대부(五大夫)'라는 벼슬을 내린 데서 연유했다.

소나무는 옛날부터 궁궐과 집만이 아니라 배 만드는 재료이기도 했다. 2005년 경남 창녕군 부곡면 비봉리에서 발굴된 8,000년 전 신석기 시대 배도 소나무로 건조했다. 임진왜란 때 우리 수군의 승리 또한 소나무로 만든 병선 덕분이었다.

대나무는 풀도 아니고 나무도 아닌 식물이다. 우후죽순(雨後竹筍)이라는 말처럼 비 온 뒤에는 하루 50센티미터까지 자란다. 빠른 성장 때문에 마디 사이에 진공이 생긴다. 대나무를 태우면 굉음이 난다. 그게 폭죽(爆竹)이다.

나무의 잎은 이산화탄소를 흡수하고 뿌리는 물을 빨아들인다. 숲 1헥타르(1만 제곱미터)가 연간 16톤의 이산화탄소를 흡수하고 12톤의 산소를 뿜어낸다. 하루에 필요한 1인당 산소량이 0.75킬로그램이라니 숲 1헥타르의 산소로 45명이 1년간 숨 쉴 수 있다.

해마다 촘촘해지는 나무의 나이테는 우리 인생의 여정과 같다. 그 무늬와 결에 따라 꽃과 열매가 달라지는 이치도 닮았다. 오늘 나무를 삶의 스승으로 모시기로 한다.

"내 삶의 황금기는 60~75세였다"

"인간의 자존감은 4~11세에 높아지기 시작해서 중년까지 완만하게 상승해 60세에 최고치에 이르고, 70세까지 이를 유지하다가 서서히 낮아진다."

스위스 베른대 연구진의 분석이다. 신체적 자립도가 떨어지기 시작하는 시기는 75세부터다. 유럽과 일본은 이를 바탕으로 고령자 기준을 75세로 잡고 있다.

우리나라도 노인 기준을 65세에서 75세로 올리는 것을 검토 중이다. 일본 노화 연구자들은 60~75세가 인생에서 가장 빛나는 골든 에이지(golden age, 황금기)라고 평가한다. 은퇴 직후의 이 시기를 시간으로 환산하면 14만 시간이 넘는다. 20세부터 40년간 여덟 시간씩 하루도 쉬지 않고 일한 노동 시간(11만 6,800여 시간)보다 훨씬 길다.

이 황금기에 위대한 업적을 남긴 사람들이 많다. 62세에 지동설을 확립한 니콜라우스 코페르니쿠스, 68세에 대성당을 조각한 오귀스트 로댕, 71세에 패션계를 평정한 코코 샤넬 등 일일이 셀 수 없을 정도다. 루이 파스퇴르가 광견병 백신을 발견한 것도 62세 때다.

현대 경영학의 창시자인 피터 드러커는 93세 때 기자로부터 "언제가 인생의 전성기였는가?"라는 질문을 받고 "열심히 저술 활동을 하던 60대 후반이었다"고 답했다. 100세 넘은 김형석 연세대 명예교수가 "내 삶의 황금기는 60~75세였다"고 말한 것도 이와 통한다. 첼로의 성자인 파블로 카살스는 90세에 하루 여덟 시간씩 연습하며 "난 지금도 조금씩 발전하고 있다"고 토로했다. 이들의 사례처럼 인생의 황금기는 그냥 주어지는 게 아니라 자신을 어떻게 가꾸느냐에 따라 달라진다.

고대 로마 철학자 키케로는 2000년 전에 이렇게 말했다.

"인생의 매 단계에는 고유한 특징이 있네. 소년은 미약하고, 청년은 저돌적이며, 장년은 위엄 있고, 노년은 원숙한데 이런 자질들은 제철이 되어야만 거둘 수 있는 결실과도 같은 것이라네."

매년 한 살을 먹으면서 나를 돌아본다. 나의 황금기에는 어떤 열매를 거둘 수 있을까. 그때를 위해 지금 어떤 씨앗을 뿌려야 할까.

나무 심는 CEO를 위한 책

똑똑한 식물들의 생존술

《식물은 똑똑하다》, 폴커 아르츠트 지음

독일의 유수 방송국에서 자연다큐멘터리 작가이자 진행자로 명성을 얻은 폴커 아르츠트의 저서 《식물은 똑똑하다》는 다큐 제작에 얽힌 이야기다. 다큐팀이 취재하고 관찰한 식물들은 생존을 위해 냄새를 맡고, 독을 만들어 뿌리며, 끼리끼리 위험 신호를 주고받는 등 동물과 유사한 생존술을 선보였다.

미국 유타주 그레이트베이슨 사막지대에서 자생하는 야생담배나무(학명 *Nicotiana attenuata*)는 냄새를 맡고 싹을 틔우며 먹히지 않기 위해 독(니코틴)을 생산함으로써 식물의 똑똑함을 증명한 대표적인 사례 중 하나다. 이 나무는 몇백 년 동안 땅속에서 잠자다가도 숲에 불이 나면 깨어난다. 재와 숯으로 변한 나무의 냄새를 감지하고 그제야 싹을 틔운다는 것이다. 막스플랑크 연구소의 온실에서 키우는 야생담배나무도 그랬다. 연기를 액체로 만든 양념 냄새에도 반응이 같았다. 숲이 다 타서 잿더미가 되었을 때에야 싹을 틔우는 유전자를 가졌던 것이다. 이런 식물을 선구종, 개척식물이라 부른다.

그러나 싹을 틔운 나무는 이파리가 돋자마자 굶주린 온갖 곤충들의 먹잇감이 된다. 곤충들은 그 잎을 꿀떡꿀떡 먹어 치운다. 이제 갓난 싹의 이파리도 예외가 아니다. 이때 비장의 무기가 가동된다. 자스몬산(酸)이라는 상처 치유 호르몬이다. 한 시간 후면 뿌리까지 도착해서 니코틴을 생성한다. 이 니코틴 냄새가 곤충들의 침범을 막는 명약이 된다.

인생의 황금기도 그저 얻어지는 것이 아니다. 내어 줄 것을 내어 주면서 때가 무르익기를 기다리고, 때로는 강인한 정신으로 살아남아야 한다.

리더의 제1 과제 역시 잿더미에서도 살아남는 생존술일 것이다. 나무의 생태가 그것을 보여 준다. 스승이 따로 없다.

나이를 먹는다는 것과 나이가 든다는 것

지혜

"쪼끄만 게… 야, 너 떡국 몇 그릇 먹었어?" "여덟 그릇 먹었다. 왜? 어쩔래!"

어릴 적 아이들과 말싸움할 때 흔히 주고받던 말이다. 저마다 떡국 먹은 햇수로 나이를 따지며 어른들 흉내를 내곤 했다. 그때나 지금이나 우리는 나이를 '먹는다'고 말한다. 왜 그럴까.

세상에 '나서' 살아온 햇수를 계산하는 방법에 답이 있다. '나이'의 단위 '살'은 '설'에서 유래했다. 옛날에는 '몇 살'을 '몇 설'이라고 했다. 한 '설'을 지나야 한 '살'을 먹는다고 했다. 한국 나이는 생일이 아니라 '설날'을 기준으로 센다. 설날 대표 음식인 떡국 수가 곧 나이를 의미한다.

《열양세시기(洌陽歲時記)》에도 "아이들에게 나이를 물을 때 '너 지금껏 떡국 몇 그릇 먹었느냐?'고 한다"는 기록이 나온다. 떡국을 첨세병(添歲餠, 나이를 더 먹는 떡)이라고 했으니 그럴 만

하다.

나이의 어원은 '낳'이다. '낳'은 '낳다'의 어간이다. 여기에 주격 조사 '-이'가 붙어 '나히'가 됐고, ㅎ이 탈락해 '나이'가 됐다. '나이가 많은 사람'보다는 '나이 많은 사람', '나이가 든 사람'보다 '나이 든 사람'이라는 문장이 더 자연스러운 것도 이 때문이다.

그러고 보니 나를 낳은 것은 어머니다. 나는 어머니 뱃속에서 나온 뒤부터 나이를 먹는다. 나이를 먹는다는 것은 스스로 성장한다는 뜻이다. 나이를 '먹는다'고 할 때는 내가 주인이다. '나이가 든다'는 표현도 있다. 이럴 때는 나이가 주인이다. 나이를 목적어로 삼느냐와 주어로 삼느냐에 따라 시간의 주체가 달라진다.

나이가 든다는 말은 노화와 직결된다. 나이 들수록 세월이 빨라진다는 얘기도 마찬가지다. 나이 들면 시간이 빨리 흐르는 이유를 프랑스 철학자 폴 자네는 '시간 수축 효과'로 설명한다. 1년의 시간을 10세 아이는 생의 10분의 1로, 50세 어른은 50분의 1로 느끼기 때문에 나이 들수록 시간이 빨리 흐른다고 지각한다는 것이다.

이는 과거 경험을 실제보다 최근 일로 기억하는 '망원경 효과'와 과거의 경험상 지표가 줄어드는 '회상 효과', 노화와 함께 몸의 감각이 둔해지는 '생리 시계 효과'가 겹쳐진 결과라고 한다.

사람이 늙으면 현실의 시간과 기억 속의 시간이 달리 흐른다.

고대 그리스 사람들이 양적인 시간을 '크로노스'라 하고, 질적인 시간을 '카이로스'라 구분한 것처럼 똑같은 시간도 느끼기에 따라 천양지차다. 나이를 '먹는' 것과 '드는' 것의 차이도 이와 비슷하다. 그러나 자기 내면에 시간이 쌓인다는 점에서는 둘이 닮았다. 사람이 성숙해서 내면이 넓어지고 깊어지는 것을 연륜(年輪)이라고 한다. 연륜은 식물의 나이테처럼 여러 해 동안 쌓은 시간의 산물이다.

우리가 한 살씩 나이를 먹듯이 나무는 나이테를 한 겹씩 늘린다. 세계에서 가장 나이 많은 나무는 미국 캘리포니아에 있다. 이 나무는 척박한 고산에서 제한된 양분으로 살아간다. 나이테도 촘촘해서 100년에 3센티미터 정도 굵어질 만큼 더디 자란다. 이렇게 오래 사는 나무는 어려운 환경에 순응하고 시련을 극복하면서 자란다. 나이 들어 속이 비어 가는 동안에도 봄마다 어김없이 새순을 밀어 올린다.

나무가 세월의 흔적을 몸에 새기듯 사람도 살아온 흔적을 얼굴에 드러낸다. 잘 살아온 사람의 표정은 여유롭고 온화하다. 오래 쌓은 연륜과 삶에서 체득한 지혜 덕분이다.

불멸의 업적을 남긴 사람 가운데 60대가 35퍼센트, 70대가 23퍼센트, 80대 6퍼센트로 60대 이상이 64퍼센트나 된다고 한다. 루소의 말마따나 청년기는 지혜를 연마하는 시기요, 노년기는 지혜를 실천하는 시기다.

노마지지(老馬之智)의 일화도 이와 통한다. 젊은 말은 빠르지만 늙은 말은 지름길을 안다. 제나라 관중이 전쟁 통에 길을 잃었을 때 늙은 말을 풀어 길을 찾지 않았던가. 결국 우리 삶의 최종 성적표는 나이에 따라 얼마나 내면이 성숙했는지, 어떤 나이테를 자기 몸에 새겼는지에 따라 결정되는 것 같다.

그나저나 걱정이다. 이번 설에도 떡국을 또 한 그릇 먹었다. 어느새 정년퇴직을 생각할 나이가 됐음에도 아직 철이 없다. 축적한 경륜이나 지혜도 없다. 어떻게 하나. 이젠 설날 떡국을 생각 없이 그냥 먹어서는 안 되겠다. 어릴 때처럼 "너 떡국 몇 그릇 먹었냐"고 함부로 말해도 안 되겠다. 그동안 나이를 어디로 먹었느냐고, 얼마나 단단해졌느냐고, 얼마나 잘 익었느냐고 내 몸의 나이테에게 먼저 물어봐야겠다.

____ 나이 들어 더 멋있는 사람들

나무는 해마다 제 몸속에 나이테를 새긴다. 나이테가 늘어 가는 만큼 연륜이 쌓이고 내면이 단단해진다. 늦가을 잎과 열매를 떨굴 때에는 자세를 낮추고 겸손해진다. 오래된 나무 아래에 서면 마음이 경건해진다.

사람은 나이테 대신 주름살을 새기며 나이를 먹는다. 나이테가 몸 안의 주름이라면 주름살은 몸 밖의 나이테다. 자애로운 미소와 웃음에서 나온 주름은 아름답고 품격 있다. 나이 들수록 더 멋진 사람들은 척박한 땅에서 자라 울창한 숲을 이룬 나무와 닮았다.

90세로 세상을 떠난 영화배우 숀 코너리도 그랬다. 스코틀랜드의 빈민가에서 태어난 그는 우유배달원, 벽돌공 등 밑바닥 생활을 전전하다 32세 때 첩보영화 시리즈 〈007〉의 1대 제임스 본드 역할로 이름을 알리기 시작했다.

그는 〈007〉 시리즈의 주연을 일곱 번이나 맡았지만 변신을 위해 끝없이 노력했고, 57세 때 〈언터처블〉로 아카데미상을 받았다. 늘어나는 주름과 대머리를 감추지 않고 경륜의 대명사로 여겼다. 스코틀랜드 독립을 열렬하게 지지하기도 했다. 이런 면모로 59세에 《피플》지의 '생존 인물 중 가장 멋진 남자'에 선정되었다.

세기의 미인 오드리 헵번은 은막을 떠난 뒤 아프리카에서 아이들을 돌보는 모습으로 진한 감동을 선사했다. 1992년 암 투병 중 소말리아에서 아픈 아이를 안고 환하게 웃던 그녀의 잔주름은 세상에서 가장 아름다운 나이테였다. 그녀가 죽기 1년 전 아들에게 들려준 샘 레벤슨의 시처럼 '그대 손이 두 개인 이유는 / 하나는 자신을 돕기 위해, 하나는 남을 돕기 위해'라는 걸 몸으로 보여 준 사례다.

동물행동학자 제인 구달은 '침팬지의 어머니'로 일생을 야생 동물과 함께 숲에서 보냈다. 대학 갈 돈이 없어 케냐에서 아르바이트를 하다 연구자의 길로 들어선 그녀의 노년은 젊은 시절보다 더 숭고하고 경외롭다.

KFC 창립자 커넬 샌더스는 600번 이상 실패를 이기고 65세에 첫 체인점을 열었다. 전설적인 야구선수 베이브 루스는 718개의 홈런을 치는 동안 삼진아웃을 1,330번이나 당했다. 미켈란젤로도 팔순에 성베드로 성당 천장을 어떻게 장식할지 고민했다.

나이 들어 더 멋있는 사람들은 이처럼 숱한 질곡을 겪었다. 그 속에 내면의 나이테와 외면의 주름살이 함께 배어 있다.

생각이 깊어지는 곳, 호숫가와 정원

《월든》, 헨리 데이비드 소로 지음

서양에서 근대 생태적 사유의 그루로 불리는 사상가 헨리 데이비드 소로한테는 2.8킬로미터 둘레의 월든 호숫가가 사색의 정원이었다.

그는 자급자족만으로 생계를 잇겠다는 각오로 들어가 2년 2개월 정도를 맑고 검박하게 살았다. 3~4평짜리 오두막도 손수 짓고 텃밭 가꾸기와 고기잡이로 일용할 양식을 조달했다. 그 나머지 시간은 호수에서 배를 타거나 숲을 거닐었다.

글을 쓰고 가끔 강연도 했다. 그가 쓴 책은 뒷날 자연 속의 성서로 불리는 《월든》이다. 1957년 발간된 이 책은 거의 팔리지 않아 대부분 소로의 오두막에 보관해야 했다. 그러다 톨스토이와 간디, 마틴 루터 킹 등이 그 진가를 세상에 알린 뒤 자연을 사랑하는 사람들의 경전이 됐다.

이 책을 읽고 영향을 받아 낙향하거나 무소유와 생태적 삶을 살려고 산으로 들어간 사람이 많다. 법정 스님도 그렇고 국문학자 김열규 교수도 그랬다. 소로의 《월든》을 처음 번역 출간한 강승영 씨의 인생도 월든 그 자체다.

월든 호숫가에서 사유를 갈고 닦은 소로는 세상의 리더들에게 새로운 화두를 던진다. 그의 말에 따르면, 오늘날에는 철학을 가르치는 사람은 있지만 철학자는 없다. 철학자란 심오한 사상을 갖고 있고 자기 나름의 학파를 세운다고 해서 되는 것이 아니라는 것이다. 지혜를 사랑하고 그 가르침대로 소박하고 독립적이며 관대하고 진실된 삶을 살아갈 수 있어야 한다고 말한다. 결국 적당히 높은 사람의 비위를 맞추고 대세 따라 살아가는 것은 그럭저럭 사는 삶이라는 의미다.

그의 목소리가 서늘하고도 따갑다. '30년 동안 나이 든 사람들에게 얻은 생의 교훈은 없었다' '나이 든다고 다 지혜로워지는 것은 아니다'라는 대목은 서늘하다 못해 아프기까지 하다. 이는 역설적으로 영원한 청춘으로 사는 비결이 무엇인지를 되비추는 거울 같다.

므두셀라 나무와 늙지 않는 비결

경륜

세계 최고령 나무의 나이는 5,000살이 넘는다. 앞서 언급한 바 있는 미국 캘리포니아의 이 소나무는 성서에서 969세까지 산 노아의 할아버지 이름을 따 '므두셀라 나무'로 불린다. 1957년 과학자 에드먼드 슐먼이 생장추를 이용해 나이를 측정한 뒤 이 이름을 붙였다.

하지만 미국 산림청은 이 나무의 정확한 위치를 공개하지 않고 있다. 더 나이 많은 나무가 있다는 주장에 대해서도 함구하고 있다. 50여 년 전 4,900년 된 나무가 잘려 나간 악몽 때문이다. 1964년 지리학 전공 대학원생이 연구 도중 네바다 그레이트베이슨 국립공원에 있던 최장수 나무 프로메테우스를 벌목한 사건 후 모두 입을 닫아 버렸다.

므두셀라보다 더 오래됐다는 나무 이야기는 심심찮게 등장한다. 2008년 스웨덴 달라르나에서 발견된 가문비나무의 나이가

약 7,800년이라는 연구 결과가 나왔다. 빙하시대 이후 싹을 틔운 지구 최초의 나무라는 수식어도 따랐다. 물론 비공식 기록이다. 과학이 발달했다고는 해도 측정 방법에 따라 고무줄 나이가 될 소지는 얼마든지 있다. 이에 비해 키나 몸집은 금방 확인된다. 가장 키 큰 나무는 미국 캘리포니아에 있는 세쿼이아 '하이페리온'으로 115미터가 넘는다. 수령은 약 800년이다. 둘레가 굵은 나무로는 멕시코 오악사카에 있는 몬테주마 사이프러스가 으뜸이다. 밑동 둘레가 48미터로 어른 24명이 손을 맞잡고 함께 안아도 버거울 정도다. 몸집이 가장 큰 나무는 미국 캘리포니아의 자이언트 세쿼이아 '제너럴 셔먼'. 키 약 84미터에 부피가 1,500세제곱미터나 된다. 단독주택 40채를 지을 수 있다고 한다.

우리나라에서 가장 오래된 나무는 강원도 정선 두위봉 주목(천연기념물 제433호)이다. 세 그루 중 가운데 나무의 수령이 약 1,400년으로 추정된다. '살아 천년, 죽어 천년'이란 말이 실감난다. 주목은 한국, 일본, 북중국 등에 사는 상록 교목으로, 높은 산악지대나 추운 지방에서 주로 자란다. 양평 용문사 은행나무도 1,100년 넘은 것으로 유명하다.

은행나무와 메타세쿼이아는 공룡시대부터 있었다고 해서 화석식물로 불린다. 나이테만큼 거기에 얽힌 이야기도 많을 것이다. 밝혀진 지구상의 나무는 대략 10만 종. 그중 절반 이상이 열대 지역에서 자란다. 식물학적 조사가 이뤄지지 않은 곳이 많아서 학자들은 새로운 종이 더 있을 것으로 추정한다. 전인미답의 원시림에는 또 어떤 나무 이야기들이 숨어 있을지 궁금하다.

____ 텔로미어에 감춰진 건강장수의 비밀

"약 500년 전 조상과 후손을 포함한 1,300만 명의 가계도(family tree)를 분석한 결과, 수명은 유전자보다 생활 방식과 주변 환경에 더 영향을 받는 것으로 나타났다."

미국 뉴욕게놈센터와 컬럼비아대, 영국 옥스퍼드대 연구진이 2018년 학술지에 발표한 논문 내용이다. 이들은 유럽과 미국의 족보 빅데이터를 통해 이런 사실을 발표했다. 장수 유전자가 수명에 영향을 준다면 친족 관계에서 유전적 우성이 증폭되어야 하는데 실제로는 그렇지 않다는 것이다. 이 족보 데이터에 따르면 서구인의 대부분은 1850년까지 8촌 이내 친족과 결혼했다.

수명을 좌우하는 것은 성호르몬 역할이라는 연구 결과도 있다. 서던덴마크대학의 버지니아 자룰리 교수는 2018년 미국 국립과학원 회보에 게재한 논문에서 여성호르몬인 에스트로겐이 면역 기능을 강화해 병을 예방하고 세포 손상을 막아 준다고 주장했다. 여성의 평균 수명이 긴 것도 이 때문이라고 한다.

무병장수는 전 인류의 오래된 꿈이다. 2009년 노벨 생리의학상을 받은 엘리자베스 블랙번 교수는 노화의 열쇠를 우리 몸속 세포인 텔로미어가 쥐고 있다고 얘기한다. 텔로미어는 우리 세포 속 염색체의 양 끝단에 있는 구조를 말한다.

그는 《늙지 않는 비밀》이라는 책에서 염색체 손상을 막는 텔로미어가 닳아서 짧아지면 세포가 분열을 멈춘다고 설명한다. 이 세포가 짧으면 노화가 진전되고, 길면 암 · 심장병 등에 의한 사망률이 낮아진다는 것이다.

놀라운 것은 짧아진 텔로미어가 다시 길어질 수 있다는 점이다. 텔로미어를 만들고 보충하는 효소인 텔로머레이스 덕분이다. 이 효소는 닳아 사라진 염색체 끝에서 새로운 세포분열이 이뤄지도록 돕는다. 텔로미어의 회복을 돕는 방법은 무엇일까. 그는 텔로미어가 스트레스에 많은 영향을 받는다고 말한다. 가장 나쁜 것은 두려움이나 불안 등을 동반한 '위협반응'이다. 혈관이 수축되고 심장박동이 빨라지며 혈압이 오른다. 손발도 차가워진다. 이럴 때는 위협반응을 도전반응으로 바꾸는 마음가짐이 중요하다고 한다. 남을 적대시하고 비관주의에 빠지면 텔로미어가 짧아지고, 나쁜 감정을 걸러내면 건강 수명이 길어진다는 대목도 눈길을 끈다.

어찌 보면 너무 당연한 얘기지만, 모든 진리는 뻔한 데 있다. 82세에 《파우스트》를 완성한 괴테도 "살아 있는 동안 건강하게 지낼 수 있도록 끊임없이 생활을 가꿔야 한다"고 했다.

나무 심는 CEO를 위한 책

나무처럼 오래 사는 생존술을 터득하다

《뇌는 늙지 않는다》, 다니엘 G. 에이멘 지음

일부 나무는 수천 년 같은 자리에 박혀 고행하듯 모든 악조건을 이기며 생존술을 터득한다. 하루도 쉬지 않고 움직이며 신진대사를 해야 사람 노릇을 할 수 있는 인간의 생존술은 과연 어떨까.

'치매 걱정 없이 100세까지 건강하고 행복하게 장수하는 법'이라는 부제가 붙은 《뇌는 늙지 않는다》는 자기의 뇌를 건강하게 유지함으로써 노화를 늦추고, 죽음의 시기를 조절할 수 있는 방법에 관한 책이다.

뇌의학과 행동의학 분야에서 세계적 명성을 얻고 있는 저자는 뇌는 우리가 어떻게 하느냐에 따라 노화의 촉진과 둔화를 조절할 수 있다고 말한다. 세월이 흘러 나이가 드는 것은 인간이 선택할 수 있는 사항은 아니지만, 뇌가 나이보다 늙어 보이고 더 나이 먹은 느낌인 드는 것은 자신의 선택에 따라 충분히 달라질 수 있다는 것이다. 그는 아름다운 뇌를 겨루는 미인 대회는 없지만, 뇌가 아름답지 않은 상태에서 멋진 외모를 갖기란 불가능하다고 말한다. 우리의 얼굴은 분노, 우울, 불안 등의 감정을 그대로 보여 주기 때문이다.

저자가 권장하는 방법이란 우리가 모두 알고 있는 내용이다. 금연, 절주, 적당한 양의 비타민 섭취(식이섬유와 보조제, 비타민 D 등), 혈류와 혈당 관리(오메가3 등), 항산화제 복용, 긍정적인 생각, 적절한 운동, 좋은 인간 관계, 질 좋은 수면, 유해물질 피하기, 부상 방지 등이다.

우리가 이미 알고 있는 것을 실천하고 몸에 배게 함으로써 충분히 누구든 므두셀라를 닮을 수 있다는 의미다. 탁월한 리더가 갖춰야 할 조건도 단순한 '건강'을 넘어 '뇌 건강'인 시대가 됐다.

3장

정주영 회장이 간절히 기다린 '새봄'
희망

"춘분 햇살에 파종 준비 서둘러야 하는데 바람이 이렇게 차서야 원…." 며칠 따습다 했더니 바람 끝이 다시 맵다. 농부들의 지청구에 먼저 나온 봄싹들이 움찔거린다. 오죽하면 '2월(음력) 바람에 김칫독 깨진다'는 말까지 나왔을까. 뱃사람들도 이 무렵 샛바람이 불 때는 바다에 나가지 않고 바람 잦기를 기다린다.

봄바람은 부드러운 어감과 달리 제법 변덕스럽다. 그런 만큼 이름도 다양하다. 하늘거리는 '미풍'이나 솔솔 부는 '실바람', 보드랍고 화창한 '명지바람'은 듣기만 해도 정겹다. 그러나 꽃을 시샘하는 '꽃샘바람'과 옷섶을 파고드는 '살바람'은 아주 매섭다. 회오리처럼 부는 '소소리바람'이나 좁은 틈으로 불어닥치는 '황소바람' 못지않다. "봄바람에 여우가 눈물 흘린다"는 말도 그래서 생겼다.

바람이 아무리 변덕스러워도 계절의 흐름을 거스를 수는 없다. 춘풍태탕(春風駘蕩, 봄바람이 온화하게 분다)이라는 말처럼 만물을 깨어나게 하고 새싹을 밀어 올리는 게 봄바람이다. '들불을 놓아도 다 타지 않고, 봄바람이 불면 다시 돋아난다(野火燒不盡春風吹又生)'며 자연의 생명력을 노래한 중국 당나라 시인 백거이의 시구도 마찬가지다. 김영랑의 '돌담에 속삭이는 햇발같이 / 풀 아래 웃음 짓는 샘물같이'처럼 봄은 살랑거리는 바람을 타고 우리에게 다가온다.

봄바람의 색깔은 분홍과 연두다. 연분홍 치마에 흩날리는 꽃잎은 얼마나 가슴을 설레게 하는가. 여린 햇살을 튕겨내며 꽃가루받이에 분주한 벌 나비의 날갯짓은 봄바람 덕분에 더 맑고 아름답다. 꽃잎이 봉오리를 맺고 벙글었다 지는 동안 연초록 잎사귀를 준비하는 나무들의 줄기에도 따사로운 봄물이 오른다. 그 사이로 냉이, 달래, 쑥 향기가 아지랑이 들판을 간질이며 여린 손을 내민다. 이렇게 살아 있는 모든 것을 깨우는 어머니의 바람이 곧 봄바람이다. 산들산들 봄바람에 살랑살랑 춤을 추는 새봄의 황홀한 자태. 그 바람따라 흔들리는 건 꽃, 나무만이 아니다. '앵두나무 우물가에 동네 처녀 바람났네'라는 노랫말처럼 봄바람은 처녀바람을 상징하기도 하다.

이백이 "구름을 보면 그대 옷 생각 / 꽃을 보면 그대 얼굴 생각 / 창가에 봄바람 부니 / 이슬 맺힌 꽃송이 더 농염하구나"(청

평조)라고 했듯이, 내일이면 이 바람 끝으로 한결 더 농염해진 꽃송이가 우리에게 와 닿을지도 모르겠다.

＿＿＿ 위대한 자연을 재음미하고 인정의 모닥불을 피우리라

"저 사람은 누굽니까?"

윗목에 앉아 문인들의 이야기에 귀를 기울이는 남자를 보며 구상 시인이 물었다. 집주인인 모윤숙 시인이 대답했다. "저 아래에서 자동차 수리 공장을 하는 정주영이란 분이에요. 문인들께 문학과 인생을 배우고 싶다더군요. 그래서 오라고 했지요."

고(故) 정주영 현대그룹 회장은 젊은 시절 모윤숙 씨의 집에서 시인 서정주, 시인 김광섭, 수필가 조경희 씨 등 많은 문인을 만났다. 실향민인 네 살 아래 구상 시인과는 특별히 친했다. 구상 시인으로부터 "천생 시심(詩心)을 가진 만년 문학청년"이라는 평도 들었다.

정 회장은 초등학교밖에 못 나왔지만 어릴 때부터 신문에 연재된 이광수 소설 《흙》을 읽으며 꼭 작가가 되겠다고 마음먹었다. 좋은 시를 보면 줄줄이 암송했다. 중년 이후에도 강릉 경포대의 '해변 시인학교'에 해마다 참가하며 "사업 때문에 꿈을 접었지만, 문인들을 보면 늘 부럽고 존경스럽다"고 말했다.

문학적 감수성과 글솜씨도 뛰어났다. 그의 산문 〈새봄을 기다리며〉는 1981년 2월 25일 《서울신문》에 실렸다. "창밖으로 내리는 부드러운 함박눈은 오는 봄을 시샘하는 것인가?"로 시작하는 이 글에서 그는 "눈을 밟으며 뛰어가는 운동화 바닥"과 "경복궁 돌담장 옆 새벽 공기"에서 봄을 느끼다가도 '사무실에 들어서면 봄은 간곳없이 사라진다'고 썼다.

날마다 실적에 쫓기며 남이 잘 때 깨고 남이 쉴 때 뛰어야 하는 기업인들이 하늘의 별을 딸 듯한 기세로 달려가지만 정치가나 공직자, 성직자들의 비판 앞에서는 자라목같이 움츠러들기를 잘한다며 봄이 와도 봄 같지 않은 현실을 안타까워했다. 기업인들이 봄을 기다리는 건 하늘에 별을 붙이고 돌아오는 여인을 기다리는 바나 다름없이 공소(空疎)한 경우가 많다고도 했다.

그러나 글의 말미에는 '봄눈이 녹은 들길과 산길을 정다운 사람들과 함께 걸으면서 위대한 자연을 재음미하고 인정의 모닥불을 피우리라'며 새로운 봄의 꿈을 담아냈다. 그런 희망의 메시지가 마지막 문장에 잘 응축되어 있다. '봄이 온다. 마음 깊이 기다려지는 봄이 아주 가까이까지 왔다.'

코로나 사태로 온 나라가 휘청이던 2020년, 권오갑 현대중공업 회장이 이 구절을 인용하며 임직원들에게 "코로나 위기를 정주영 정신으로 극복하자"고 강조했다.

그가 살아 있다면 올해 봄은 과연 어떻게 느낄까.

나무 심는 CEO를 위한 책

소멸은 새로운 탄생

《아름다운 삶, 사랑 그리고 마무리》, 헬렌 니어링 지음

숲에서 살다가 숲에서 여생을 마친 사람들의 마지막 순간은 어땠을까? 세계적으로 유명한 생태주의자 스콧 니어링은 100세 생일을 한 달 앞두고 스스로 음식을 끊음으로써 집에서 자연사했다. 남편을 보내고 난 뒤 부인 헬렌 니어링이 쓴 책 《아름다운 삶, 사랑 그리고 마무리》에 따르면 스콧 니어링은 20여 년 전에 이미 유언까지 남겼다.

"나는 병원이 아니고 집에 있기를 바란다. 나는 어떤 의사도 곁에 없기를 바란다. 나는 죽음이 가까이 왔을 무렵에 지붕이 없는 열린 곳에 있기를 바란다. 나는 단식을 하다 죽고 싶다. 나는 죽음의 과정을 예민하게 느끼고 싶다. 진정제, 진통제, 마취제도 필요 없다."

헬렌 니어링은 남편을 보낸 뒤 부고를 띄우면서 구스타프 페히너(1801~1887, 독일 정신물리학의 창시자)의 《죽은 뒤의 삶》의

한 구절을 인용했다.

“씨앗이 터질 때가 되면, 식물은 갑자기 낱낱으로 흩어진다. 그 순간 씨앗은 껍질 속에 갇혀 그렇게 오랫동안 좁게 누워 있던 상태가 파괴되는 것처럼 느낀다. 그러나 사실은 새 세상을 얻는다.”

니어링 부부의 이야기는 자연이 우리에게 주는 경전이다. 삶뿐만 아니라 죽음에서도 고수(高手)였던 그들은 소멸을 새로운 탄생으로 보았고, 자연계의 한 순환고리로 여겼다.

기업을 일으키고 키우기를 목숨보다 중히 여기며 위기 때마다 살았다 죽었다를 반복하는 경영자들의 사생관도 이 같은 자연 순환의 원리와 어쩌면 닮은 듯도 하다.

양귀비꽃의 두 얼굴, 달과 6펜스

양면성

'마약 양귀비' 해프닝은 예전에도 많았다. 별생각 없이 마당가에 심었다가 경찰이 들이닥치는 바람에 기겁을 하곤 했다. 몇 년 전에는 경북 안동시가 도로변에 조경용 개양귀비를 잔뜩 심었다가 마약 성분을 지닌 양귀비가 섞여 있는 것을 뒤늦게 알고 급히 폐기했다.

양귀비는 당 현종의 총애를 받은 절세미녀의 이름값만큼 색상이 화려하고 아름답다. 열매의 유액으로 아편을 만들기 때문에 아편꽃, 약담배로도 불린다. 고대 그리스의 '오피움(opium)'이 한자로 음역되면서 아편으로 굳어졌다. 기원전 1,500년부터 이집트에서 잠을 청하기 위해 양귀비즙을 활용했다는 것을 보면 마취·수면제로 쓰인 역사가 길다.

로마 신화에도 잠의 신 솜누스가 여신을 잠재우려고 양귀비를 줬다는 내용이 나온다. 그녀가 깊은 잠에 빠졌다가 충분한 휴식을 취한 뒤 활기를 되찾았다 해서 죽음과 부활의 상징으로 여기기도 한다.

마약 성분 때문에 대부분 국가에서 재배를 금하고 있지만 불가리아, 그리스, 인도, 일본, 터키 등에선 마음대로 심고 거둔다. 중국은 13세기에 약품으로 들여왔다가 영국 동인도회사의 대량 보급 때문에 온 나라가 휘청거리는 아편전쟁을 겪고 온갖 굴욕도 당했다. 원예용인 개양귀비에는 마약 성분이 없다. '개'는 개나리, 개살구의 개처럼 '별 볼 일 없다'는 뜻이다. 관상용으로 인기여서 꽃양귀비로도 불린다. 마약 양귀비와 구별하는 법은 간단하다. 양귀비는 꽃잎이 뾰족하고 줄기에 솜털이 없으며 키가 크다. 개양귀비는 꽃잎이 둥글고 줄기에 털이 많으며 키가 작다. 열매에서 유즙도 나오지 않는다.

일명 애기아편초로 불리는 개양귀비를 중국에선 우미인초라고 한다. 항우의 애첩 우미인이 자결한 뒤 무덤가에 피어났다고 붙인 이름이다. '그때의 옛일 이미 자취 없이 사라진 지 오래거니, 임의 술잔 앞에서 슬퍼하던 몸부림 이제는 누굴 위해 저리도 하늘거리는가(當年遺事久成空 慷慨樽前爲誰舞)'라는 증공(曾鞏)의 애절한 시가 여기에서 나왔다.

영국에서는 개양귀비를 현충일 조화로 널리 쓴다. 제1차 세계대전 종전을 기념하는 11월 11일이면, 이 꽃을 놓으며 묵념하고 가슴에 단다. 영연방 국가도 그렇다. 연합군 소속 캐나다 군의

관이 전우의 장례를 치른 뒤 주변에 핀 개양귀비를 보며 쓴 시 〈플랜더스 들판에서〉를 낭송하기도 한다. 겉보기엔 화려한 꽃에 이렇게 많은 사연이 숨어 있다. 양귀비의 별칭이 경국지색(傾國之色)인 것 또한 그러리라.

＿＿＿ 우리 마음에는 달과 6펜스가 함께 들어 있다

양귀비꽃의 두 얼굴을 보면서 서머싯 몸의 소설 《달과 6펜스》를 떠올린다. 이 작품 속에 달이나 6펜스 이야기는 나오지 않는다. 해설을 읽고 나서야 '달'이 아름다운 이상, '6펜스'가 세속적인 현실의 상징이라는 것을 알게 된다. 작가가 전작인 《인간의 굴레》에 관한 논평 중 '이 작품의 주인공은 달을 동경하기에 바빠 발밑에 떨어진 6펜스도 보지 못한 사람'이라는 비유를 읽고 제목으로 삼았다고 한다.

그런데 왜 5펜스나 10펜스가 아니라 6펜스일까. 이 작품이 출간된 1919년에 영국은 10진법이 아니라 12진법을 썼다. 당시 1실링은 12펜스였다. 6펜스는 가장 낮은 단위의 화폐였다. 소설 주인공의 모델인 화가 고갱이 그토록 갈망한 예술의 극점이 '달'이라면, 그의 척박한 현실을 거울처럼 비추는 은화가 곧 6펜스다.

이 두 개의 상징은 예술과 일상, 꿈과 현실 사이에서 갈등하는 우리 내면을 보여 준다. 우리는 자신의 꿈을 좇아 모든 것을 버리는 예술지상주의자와 눈물 젖은 빵 앞에 세상과 타협하는 현실주의자의 중간 어디쯤에서 흔들리며 살아간다. 그래서 삶을 이분법으로 양분하기 어렵다. 하늘의 달을 보기 위해서는 땅에 발을 딛고 있어야 한다.

꿈만큼 돈의 가치도 중요하다. 서머싯 몸 역시 돈이란 육감과 같아서 그것 없이는 오감을 제대로 활용할 수가 없다고 말했다. 한가위에 선물 보따리를 들고 고향으로 향할 때의 우리 마음에는 달과 6펜스가 함께 들어 있다. 같은 달이라도 추석에 뜨는 만월(滿月)은 더 크고 밝아 보인다. 달을 어떻게 보느냐에 따라 마음의 풍경이 달라진다. 중국 명나라 시인 왕양명은 시 〈산에서 보는 달〉에서 이렇게 노래했다.

'산이 가깝고 달이 먼지라 달이 작게 느껴져 / 사람들은 산이 달보다 크다 말하네. / 만일 하늘처럼 큰 눈 가진 이가 있다면 / 산이 작고 달이 더 큰 것을 볼 수 있을 텐데.'

단순한 원근법을 넘어 우주의 근본을 꿰뚫은 혜안이 놀랍기만 하다. 어느덧 출간 100주년을 넘긴 《달과 6펜스》를 다시 꺼내 읽으면서 오늘, 한가위 보름달을 바라본다. 달과 6펜스 은화는 환하고 둥글다. 그런 마음으로 세상의 높낮이를 아우르면서 부드럽고 긍정적인 추석을 누려 본다. 시끄러운 세속 도시의 날선 소음도 달처럼 둥글어지길 빌면서.

나무 심는 CEO를 위한 책

양면을 봐야 보이는 잡초의 생존 지혜

《잡초의 재발견》, 조지프 코캐너 지음

잡초(雜草)는 아무렇게나 여기저기 섞여서 난 쓸모없는 풀을 가리킨다. 그러나 이는 인간 중심의 일방적인 정의일 뿐이다. 쓸모없는 풀이라고 치부하는 것도 뿌리 깊은 편견이다.

1950년에 처음 출간된 잡초 연구의 고전 《잡초의 재발견》에 따르면 잡초는 토양을 섬유화시키고, 토양 하부의 광물질을 표토로 옮겨 주는 역할을 한다. 또 깊은 곳까지 뿌리를 내려 토양의 모세관을 만듦으로써 땅을 비옥하게 하는 마법사다. 더욱이 대다수의 잡초는 약용이고 식용이며 비료로 쓰이기도 한다.

이렇듯 좋은 면을 많이 가진 것이 잡초다. 농사짓는 사람이 적절히 관리하지 않으면 해가 되지만, 쓰임새를 잘 알고 활용하면 농사에 도움이 된다.

일본 잡초학 권위자 이나가키 히데히로가 지은 《전략가, 잡초》에도 이런 이치가 담겨 있다. 이 책에 따르면 잡초는 제거한다고 없어지는 식물이 아니다. 그냥 놔두면 주변 식물들의 생장에 따라 자신의 몸을 낮춰 저절로 사그라든다. 조건이 안 좋으면 안 좋은 대로 싹을 틔우고, 불리해지면 다시 죽은 듯 쉬었다 피어날 때를 엿본다고 한다.

잡초는 식용작물보다 개성이 강해서 '온리 원'으로 살아남고, 그럼으로써 경쟁을 물리친 '넘버 원'이 되는 강한 풀이기도 하다. '이름 모를 잡초'라는 말도 맞지 않다. 우리나라의 대표 잡초만 해도 어저귀, 사마귀풀, 물달개비, 털빕새귀리, 돌피, 강아지풀 등 당당한 자신의 이름을 갖고 있다.

몇 개만 더 꼽아 보자. 민들레, 남가새, 아욱, 애기수영, 여뀌, 냉이, 박하, 돌콩, 메꽃, 장군풀, 달맞이꽃, 우엉, 씀바귀, 소루쟁이, 쑥, 토끼풀, 왕고들빼기, 돼지풀, 고들빼기, 쇠비름, 개자리, 꽈리, 망초, 쇠풀, 까마중, 도꼬마리….

저마다 이름과 역사가 있는 풀들이다. 잡초는 없다.

백일홍나무에서 배롱나무가 된 사연

덕목

점심 먹으러 가다 배롱나무꽃 옆에 잠시 멈춘다. 지난여름 땡볕 아래 피기 시작한 꽃잎이 아직도 붉고 곱다. 한 번 피면 100일 이상 간다고 해서 그 꽃을 백일홍(百日紅)이라고도 부르지만, 백일홍과는 완전 다른 식물로 백일홍과 구분짓기 위해 목백일홍이라고도 한다. 오랫동안 사람들 입에서 배기롱나무로 불리다 배롱나무가 됐다.

화무십일홍(花無十日紅)이라고 했듯이 대부분의 꽃은 10일 이상 피지 않는다. 그러나 배롱나무는 붉은 꽃을 석 달 반 이상 피워 올린다. 한 송이가 오래 피는 게 아니라 여러 꽃망울이 이어가며 새로 핀다. 아래에서 위까지 꽃이 다 피는 데 몇 달이 걸린다. 그래서 꽃말이 '변하지 않는 마음'이다. 부귀와 장수의 나무라고 불리는 것도 이런 까닭이다.

중국이 원산지이지만 고려 때 《보한집》이나 《파한집》에 꽃 이름이 나오는 것으로 봐서 그 전에 들어온 듯하다. 강희안의 《양화소록》에도 "비단처럼 아름답고 이슬꽃처럼 온 마당을 비춰 주어 그 어느 것보다도 유려하다"는 대목이 나온다. 매천 황현은 '아침이고 저녁이고 / 천 번을 보고 보아도 싫증이 나지 않는다'며 이 꽃을 특히 아꼈다.

나무껍질은 매끄럽고 얼룩무늬가 있다. 손으로 긁으면 잎이 움직인다고 해서 간지럼나무라는 이름도 갖고 있다. 배고팠던 시절 배롱나무꽃이 다 질 때쯤이면 벼가 익는다는 의미에서 쌀밥나무로 불리기도 했다.

우리나라에서 가장 오래된 배롱나무는 부산 양정동에 있는 천연기념물 제168호로 800살이 넘었다. 고려 중기에 심은 것이라고 한다. 경주 남산 기슭의 서출지에도 오래된 배롱나무들이 많이 있다. 전남 담양 후산리 명옥헌, 강진 백련사, 전북 고창 선운사 역시 배롱나무 명소로 이름났다.

배롱나무 붉은 꽃의 또 다른 이름은 자미화(紫薇花)다. '자'는 붉다, '미'는 배롱나무를 뜻한다. 당나라 현종이 너무나 좋아해 국가적으로 장려했고 장안의 성읍을 자미성으로 바꿔 불렀을 정도다.

현종과 양귀비의 비련을 '장한가'로 노래했던 시인 백거이는 〈자미화〉라는 시에서 자신을 자미옹(紫薇翁)이라 부르며 '심양관사에 키 큰 두 그루 자미수 있고 / 흥선사 뜰에도 무성한 한 그루 있지만 / 어찌 소주에 안치돼 있던 곳에서 / 화당의 난간

달 밝은 밤에 보았던 것만 하리요'라고 읊었다.

'자미화가 자미옹을 마주하고 있으니 / 이름은 같으나 모습은 같지 않네'라던 그의 시구와 더불어 오늘밤 밝은 달빛 아래 배롱나무 꽃향기와 시향에 흠뻑 젖어보고 싶다.

____ 도서관을 세우는 사람들

철강왕 앤드루 카네기가 남긴 것은 제철소가 아니라 도서관이었다. 스코틀랜드 출신 이민자의 아들로 미국에서 철강제국을 일군 그는 66세 때 회사를 팔고 뉴욕 공공도서관 설립에 520만 달러를 기부했다. 이후 2,500만 달러를 들여 미 전역에 도서관 2,509개를 지었다.

어린 시절 전보배달원으로 일하던 그는 늘 배움에 목말랐지만 책 살 돈이 없었다. 앤더슨이라는 은퇴 상인이 자기 책 400여 권으로 일하는 소년들을 위한 도서관을 열자 여기서 빌린 책으로 밤새워 공부했다. 그는 훗날 앤더슨이 그 작은 도서관을 통해 지식의 빛이 흐르는 창을 열어 줬다고 회고했다.

석유왕 존 데이비슨 록펠러도 50대 이후 곳곳에 도서관과 학교를 세웠다. 철도 사업가 헨리 에드워드 헌팅턴은 로스앤젤레스 저택에 헌팅턴도서관을 건립했고, 석유 재벌 진 폴 게티는 그 인근에 게티센터 도서관을 열었다.

미국 최초의 사립대학인 하버드대는 도서관을 모태로 탄생했다. 교명부터 도서관을 기증한 존 하버드의 이름을 땄다. 이 대학 중앙도서관에는 모교 출신의 장서 수집가 해리 와이드너의 이름이 붙어 있다. 파리에서 희귀본을 구해 오다 타이타닉호와 함께 수장된 그를 위해 어머니가 건립비를 기부했다.

한국 기업인의 호(號)를 딴 도서관도 많다. 경남 진주 출신인 LG그룹 창업주 연암 구인회는 1968년 진주성에 진주시립연암도서관을 신축했고, 아들 구자경 회장은 이를 상대동으로 확장 이전했다. 김우중 대우그룹 창업주는 부친인 전 제주지사 우당 김용하를 기념하는 제주 우당도서관을 지어 기증했다. 서울 서대문구 현저동에 있는 이진아기념도서관은 미국 유학 중 교통사고로 숨진 독서광 이진아를 기리기 위해 가족이 50억 원을 기증해 세운 구립도서관이다. 김병주 MBK파트너스 회장은 서울시립도서관 건립을 위해 사재 300억 원을 기부했다. 12세에 이민 가 동네 도서관에서 영어와 미국 문화를 배운 그는 모국에 도서관을 세우는 꿈을 46년 만에 이뤘다.

그의 특별한 기부를 보면서 "지금의 나를 있게 한 것은 동네 도서관이었다"는 빌 게이츠의 말과 "도서관은 스스로 돕는 자를 돕고, 큰 뜻을 품은 자에게 보물을 안겨 준다"고 말한 말년의 카네기를 떠올려 본다.

나무 심는 CEO를 위한 책

숲속 공기와 풍경, 빛을 실내로 들이면

《식물 예찬》, 예른 비움달 지음

이 책을 쓴 예른 비움달은 노르웨이 수력 발전 분야에서 일한 기계공학자였다. 그러다 세상은 기계적인 것만이 아니고 생물학적인 것과도 관련이 있다는 깨달음을 얻었다. 그는 우주정거장의 식물 활용 방안을 연구한 미국 항공우주국(NASA)과 함께 새로운 연구에 나섰다. 이후 그는 자연환경을 집과 사무실, 학교, 공공시설 등에 들여놓는 방법을 찾았다.

그는 노르웨이 오슬로시의 한 병원 방사선과 전문의들을 대상으로 실험을 했다. 진료실에 식물 화분을 배치한 뒤 피로도가 32퍼센트 감소하고, 머리가 무거운 증상이 33퍼센트 줄어든 것이다. 두통은 45퍼센트, 현기증은 25퍼센트, 눈이 따가운 증상은 15퍼센트, 목이 간지러운 증상은 22퍼센트, 기침은 38퍼센트 줄었다. 결근율도 현저하게 줄어들었다.

식물과 빛이 이런 효과를 일으키는 근본 원인은 무엇일까?

그가 꼽은 요인은 크게 세 가지다. 첫째, 심리적 효과다. 건강한 식물과 함께 있으면 마음이 안정되고 만족한 느낌이 든다. 일본의 삼림욕 실험에서도 숲속을 산책하면 건강이 현저히 좋아진다는 사실이 입증되었다. 둘째, 공기 정화 효과다. 미국항공우주국과 노르웨이생명과학대학 연구에 따르면 실내에 식물과 적절한 빛이 있을 때 공기 중의 유해 물질이 크게 감소하는 것으로 나타났다. 셋째, 빛이다. 햇빛이야말로 천연의 보약이다.

예른 비움달은 우리의 일상 생활에 이 세 가지를 잘 활용하는 것이 중요하다고 강조한다. 그러면서 숲의 공기를 실내로 들이라고 권한다. 나무와 나무 잎사귀로 만든 벽 장식이나 작은 실내 정원을 꾸미는 것만으로도 숲속을 걷는 효과를 볼 수 있다는 것이다. 이것을 그는 '숲속 공기요법'이라고 부른다. 적은 비용과 작은 공간, 잠깐의 노동으로 얼마든지 가능하다고 그는 말한다.

오후 3시만 되면 집중력이 떨어지는가? 사무실에 출근하면 머리가 무겁고 피곤한가? 이럴 때는 그의 권유대로 사무실을 상록수와 나뭇잎 장식으로 꾸며 보자. 일의 집중도가 높아지고 생산성이 늘어날 것이다. 몸이 건강해지는 것은 덤이다.

폼페이 포도가 좋은 이유

숙성

고대 로마 시인 마르티알리스는 "포도주의 신 바쿠스가 고향인 올림포스보다 베수비오를 더 사모했다"고 적었다. 베수비오는 이탈리아 남서부 폼페이 부근에 있는 화산. 수천 년 전부터 포도 재배지로 유명했다. 화산암류 토양이 야생 포도 산지로 적합했기 때문이다. 이곳 포도로 양조한 와인은 폼페이의 최대 수출품이자 소득원이었다. 와인을 담았던 폼페이 항아리 '암포라'가 프랑스, 스페인, 독일, 영국, 아프리카에서 발견될 정도였다.

폼페이 사람들도 바쿠스를 숭배했다. 서기 79년 베수비오 화산 대폭발로 도시 전체가 파묻히기 전까지 곳곳을 바쿠스 조각과 그림으로 장식했다. 인구 2만여 명 도시에 와인바만 200개 이상이었다고 한다. 6~7미터 두께의 화산재 아래 갇혀 오랫동안 잊혔다가 드러난 유적에는 대규모 양조장 자리와 포도밭, 커

다란 항아리, 술집 흔적이 그대로 남아 있다.

폼페이 유적지에서 과거 포도밭이 재현된 적이 있다. 유적보호국이 옛 프레스코화의 두 아기 천사가 들고 있는 포도 품종을 밝혀낸 뒤 고문서를 뒤져 폼페이 와인을 되살렸다.

폼페이 와인의 비결은 테루아(토양)였다. 이곳 토양에는 화산암 부스러기로 구성된 흙이 30센티미터 두께로 덮여 있다. 화산이 폭발하면서 뿜어낸 화산재 속에는 칼륨, 나트륨, 인 같은 물질이 많아 영양이 풍부하다. 수세미 같은 화산 구멍으로 인해 통기성이 뛰어나 공기와 물을 쉽게 품을 수 있다. 유용한 박테리아가 서식하는 데에도 유리하다.

폼페이 남쪽의 시칠리아섬 토양도 이와 비슷하다. 현존하는 화산 중 가장 나이가 많은 에트나 화산이 200번 넘게 폭발한 결과다. 지중해의 뜨거운 태양까지 더해져 폼페이와 함께 이탈리아 최고 와인 원산지가 되었다. 요즘은 북부 토스카나와 피에몬테 지역이 더 많이 알려졌지만, 여전히 이탈리아 전통 와인의 풍미를 원하는 사람들은 이쪽을 찾는다.

8월 24일은 서기 79년 베수비오 화산 폭발로 폼페이가 사라진 날이다. 몇 년 전에도 폼페이 앞바다 이스키아섬의 지진으로 사상자가 발생했다. 열한 살 형이 두 동생을 침대 밑에 밀어 넣고, 빗자루 손잡이를 두들겨 구조대에게 자신의 위치를 알려 16시간 만에 구조되기도 했다. 화산 토양의 통기성 덕분에 폼페이를 집어삼킨 화산재가 때론 생명의 기적을 낳기도 한다.

피의 재난에서 꽃 핀 톨레랑스

화산 대폭발 같은 재난이 오래 숙성된 폼페이 와인을 탄생시켰다면, 서로를 증오하고 죽이는 피의 역사가 오늘날 프랑스의 관용 정신인 톨레랑스를 낳았다.

프랑스에서 이슬람 극단주의자들의 테러가 터지면 국내외 언론들이 제목을 이렇게 단다. '톨레랑스가 테러당했다' '도전받는 톨레랑스' '테러 쇼크, 시험대 오른 톨레랑스'…. 톨레랑스(tolerance)란 잘 알다시피 관용과 아량, 포용력을 뜻하는 프랑스 말이다. '다른 사람이 생각하고 행동하는 방식의 자유 및 다른 사람의 정치적 · 종교적 의견의 자유에 대한 존중'을 뜻한다. 나의 이념과 신념이 귀중한 만큼 남의 것도 똑같이 귀중하고, 자신이 존중받기 바란다면 남을 존중하라는 것이다. 나아가 서로의 생각을 강요하지 않고 토론하고 설득하려는 노력이기도 하다.

이는 '나는 무엇을 아는가(Que sais-je)?'로 상징되는 프랑스 철학의 회의론과 맞닿아 있다. 나만 옳다는 아집에서 벗어나야 한다는 점에서 '특별한 상황에서 허용된 자유'를 의미하기도 한다. 약자에 대한 관용으로 개인의 자유와 권리를 보호하려는 고도의 공존 기준인 것이다.

톨레랑스의 시원은 신교를 인정한 앙리 4세의 낭트칙령으로 거슬러 올라간다. 칙령이 있기 전까지는 모든 국민이 왕의 종교와 일치해야 했으나 칙령 반포 후 신교가 허용되었다. 그런데 12년 뒤 앙리 4세가 광신적인 구교도에게 암살되고 루이 14세 때 수십만 명의 신교도가 목숨을 잃는 대혼란이 벌어졌다. 이 피의 역사 때문에 프랑스의 톨레랑스가 나왔고, 이후 이념 문제로 다른 사람들에게 피해를 주는 일을 그 어느 나라보다 엄하게 다스리고 있다.

톨레랑스는 권력을 강화하는 데에도 이용될 수 있다. 확고한 권력을 잡기까지는 관용하지 않다가 일단 목표를 이루고 나면 헤게모니를 강화하기 위해 관용으로 돌아설 수 있다. 마르쿠제가 말한 '억압적 관용'도 그렇다. 지배세력이 반대세력에게 제한된 관용을 보이는 건 상대의 날카로움을 뭉툭하게 만들고 기존 헤게모니를 정당화하는 효과를 낸다는 것이다.

최근에는 이런 톨레랑스의 의미가 여러 면에서 위협을 받고 있다. 이슬람 테러는 가장 극단적인 사례다. 그 배경에는 불안이 도사리고 있다. 이민자를 받아들이던 관용의 사회가 일자리를 빼앗긴다는 불관용의 사회로 바뀌고 있다. 유럽의 무슬림 인구는 국가별로 수십만에서 500만~600만 명에 이른다. 게다가 세계에서 가장 결집력이 크고 빨리 성장하는 종교가 이슬람이다. 더 이상 톨레랑스에 대한 위협은 먼 나라의 이야기가 아니다.

익은 맛, 섞인 맛, 삭힌 맛의 발효미학

《발효 음식 인문학》, 정혜경 지음

서툰 것과 농익은 것은 천지 차이다. 사회 생활에서도 좀체 농익은 사람을 만나기가 어렵다. 너무 빨리 변하는 데다 관심 분야가 잘게 나뉘어져 무르익을 새가 없고, 진면목을 알기도 전에 헤어지기 일쑤다. 간 보다 끝나니 서툰 것만 기억에 남는다. 와인도 친구도 오래 묵어야 좋고 장맛도 묵어야 제맛이다.

발효(醱酵)는 음식에서 나온 말이지만, 사람과 조직에 관한 이야기로도 많이 쓰인다. 《발효 음식 인문학》에는 발효에 대한 여러 가지 정의부터 나온다. "인간이 발효를 만든 게 아니라 발효가 인간을 만들었다"거나 "우리 모두는 발효 식품의 자손들"이라는 정의도 있다.

저자는 한식 발효 전문가다. 한국식생활문화학회장이자 대한가정학회장인 그는 "한국 음식은 80퍼센트가 발효된 것이고, 한국은 발효인간의 나라"라고 말한다. 오래전의 이규태 칼럼까지 인용해서 "발효미(醱酵味)를 감지하는 미역(味域)이 가장 발달한 민족"이라는 얘기도 들려준다.

책의 전반부는 발효의 정의에 관한 인문적 고찰이고 나머지는 발효와 발효 음식의 종류, 레시피 등에 할애했다. 그런데 읽다 보면 '나는 누구인가' 하는 궁금증이 일어난다. 나는 얼마나 발효된 인간인가? 나는 발효 음식을 얼마나 먹고 사는가?

발효는 미생물의 개입에 의한 화학적 현상이지만, 어느 동네에선 없어서 못 먹고, 어느 동네서는 쳐다보지도 않는 걸 보면 일종의 문화 현상이라고도 볼 수 있다. '먹는 음식이 그 사람'이라는 말이 있다. 장내균(腸內菌)이 달라져서 그럴 것이다.

그렇다면 '나'를 만든 발효의 영역은 무엇일까. 발효는 익히고 삭히는 것이다. 그 과정의 찬찬함을 즐기면서 결과까지 즐길 줄 아는 것이야말로 진정한 발효의 미학이자 발효의 인문학이 아닐까 싶다.

오래 숙성한 포도주는 식탁의 분위기와 말소리를 둥글고 부드럽게 만든다. 대화 내용도 자연스레 좋아진다. 서로 배려하고 들어주는 관용의 사회학, 진정한 톨레랑스의 철학까지 그 속에서 함께 발효한다.

꿀벌 실종 사건과 극한상황에서 살아남는 법
집단지능

꿀벌의 뒷다리에는 특이한 주머니가 달려 있다. 허벅지 바깥쪽에 붙은 이 황금색 주머니는 식물의 꽃가루를 모아서 운반하는 '꽃가루통'이다. 꿀벌 중에서도 가장 많은 수를 차지하는 일벌들은 죽을 때까지 꽃가루를 모아서 집으로 가져오는 일을 한다.

이들은 건축과 육아 등 살림도 맡는다. 여왕벌이 하루에 낳는 2,000여 개의 알을 다 먹여 살린다. 수명은 길지 않다. 가을에 태어나면 이듬해 봄까지, 여름에 나면 50일밖에 못 산다. 이 짧은 일생 동안 하는 일은 엄청나다. 인류가 기르는 식용 작물의 63퍼센트가 꽃가루를 묻혀줘야 열매를 맺는데 이 일을 대부분 꿀벌이 담당한다. 그것도 사회적 협업을 통해서 한다.

동물학자 카를 폰 프리슈는 꿀벌이 꽃이나 집을 찾는 과정에서 8자 모양의 '엉덩이 춤'을 주는 것을 밝혀내 노벨상을 수상했다. 미국 생물학자 토머스 D. 실리는 벌들의 집단지능 선택을 연구해 《꿀벌의 민주주의》라는 책을 썼다. 벌이 사회적 동물이라는 것을 증명한 것이다. 이들은 인류에게도 큰 선물을 제공한다. 유엔식량농업기구에 따르면 전 세계 식량의 90퍼센트를 차지하는 100대 주요 작물 중 71가지가 벌의 꽃가루받이 덕분에 열매나 씨를 생산한다. 우리나라에서 과수와 채소 작물 분야에 꿀벌이 기여하는 가치가 연 6조 원에 이른다는 보고서도 있다.

안타깝게도 벌들의 떼죽음이 잦아졌다. 2006~2007년 북미와 유럽에서 처음 집단 실종 사건이 터졌고 2009년 일본에서 230여만 마리가 사라졌다. 우리나라 문경과 칠곡에서도 집단 폐사한 적이 있다. 원인이 무엇일까. 바이러스와 농약, 유전자 변형작물 때문이라는 설과 전자파 탓에 방향감각을 잃은 결과라는 설 등이 있다. 유럽연합은 살충제를 원인으로 보고 네오니코티노이드를 2년간 사용 금지했다. 환경 문제와 연계시키는 나라도 있다. 어떻든 모두가 인간에 의한 생태 파괴 탓이 크다.

어떤 과학자는 인간이 키우는 꿀벌뿐만 아니라 자연 상태에서 강한 생존력을 갖춘 야생벌에 주목하라고 권한다. 유명 학술지 〈사이언스〉에도 "야생벌의 역할이 양봉의 서양꿀벌과 토종꿀벌보다 두 배나 크기 때문에 이를 활용하는 방안을 찾는 게 중요하다"는 논문이 실렸다. 농경지 주변에 여러 종류의 꽃식물이 자랄 수 있도록 보존지를 만들면 양봉농가의 꿀벌뿐만 아니라 야생벌의 개체 수가 늘어날 수 있다니, 진지하게 생각해 볼 일이다.

희망 · 믿음 · 산소 · 물은 어떻게 우리를 살리는가

영국 생리학자 케빈 퐁은 "잘 훈련된 군인들도 야간 사고에선 생존율이 50퍼센트밖에 안 된다"고 분석했다. 기상 상태와 체온, 호흡 등의 변수가 있겠지만 갑작스러운 조난 사고에서 살아남으려면 극한상황 생존법을 알고 있어야 한다.

인명구조 전문가들은 사고를 당했을 때 살아남을 가능성은 자신의 태도에 따라 달라진다고 강조한다. 허둥거릴수록 위험해지기 때문에 침착해야 한다는 것이 제1 생존 규칙이다. 전복된 배 안에 물이 빠르게 밀려들어 올 때는 밖으로 탈출할 때까지 구명조끼를 부풀리지 말고 기다려야 한다. 부력 때문에 배 안에 갇히기 쉽다. 차가운 물과 싸우려고 발버둥치는 것은 기력만 소진하므로 가능한 한 몸을 적게 움직이는 게 좋다.

깊은 산에서는 STOP 원리를 먼저 떠올리라고 권한다. 일단 걸음을 멈추고(Stop), 타개책을 생각(Think)한 다음, 주변 지형을 면밀히 관찰하고(Observe), 계획(Plan)을 세우라는 것이다.

더 중요한 것은 생존에 필요한 자신의 한계를 조절하는 능력이다. 대부분의 고산 등반사고가 하산길에 발생하는 것도 정상에 오르겠다는 일념에 사로잡혀 한계를 조절할 줄 몰랐기 때문이다. 《희박한 공기 속으로》라는 소설 · 영화로 유명한 에베레스트 원정 사고 때 18명 중 12명이 목숨을 잃은 게 대표적인 사례다. 해발 8,000미터에 이르면 산소 농도가 평지의 3분의 1로 떨어진다. 이성적 판단이 흐려지고 극도의 공포와 고통 속에 헛발을 딛게 된다. 탁월한 리더가 없으면 더 위험해진다. 지하나 동굴에 갇혔을 때도 개인과 팀의 한계조절 능력에 따라 생존이 좌우된다.

2010년 칠레 광산 붕괴로 광부 33명이 지하에 갇혔을 때, 서로 아우성치며 공황장애 현상을 보였다. 그때 54세 작업반장이 한 명씩 붙들고 대화하며 각자 한계와 가능성을 부드럽게 일깨운 끝에 '69일 만의 생환'이란 기적을 일궜다.

태국 동굴에 갇혔다가 열흘 만에 발견된 축구팀 소년들도 25세 코치의 생존 리더십 덕분에 살아남을 수 있었다. 코치는 '우리는 해낼 수 있다'는 긍정 마인드와 '우리는 한 팀'이라는 동질감을 심어주며 희망을 공유했다. 신체 움직임을 최소화해 체력을 안배하고 종유석에 맺힌 물을 모아 마시며 심신의 한계를 조절했다.

인간이 바꿀 수 없는 상황을 독일 철학자 야스퍼스는 극한상황(한계상황)이라고 불렀다. 이를 회피하지 않고 의식적으로 뛰어넘을 때 인간 본연의 실존에 눈뜬다고 했다. 이럴 때 희망 · 믿음 · 산소 · 물 등은 우리의 조절 능력을 비약적으로 높여 주는 매개이기도 하다.

나무 심는 CEO를 위한 책

꿀벌 실종 사건과 야생벌 서식지 넓히기 작전

《야생벌의 세계》, 정계준 지음

야생벌에 대한 오해가 많다. 야생 말벌은 무조건 공격하고 독침을 쏘지 않는다. 건드리지 않으면 먼저 덤벼들지 않는 온순한 녀석이 말벌이다. 야생벌 연구 권위자 정계준 경상대 생물교육과 교수의 책 《야생벌의 세계》를 읽어 보면 알 수 있다.

그의 글에 따르면, 벌목의 곤충은 그 모습도 천태만상이고 먹이 또한 상당히 다양하다. 우리에게 잘 알려져 있는 꿀벌이나 말벌, 개미처럼 가족들이 모여 사회 생활을 하는 종류가 있고, 다른 곤충의 알 또는 애벌레에 기생해서 사는 곤충도 있다. 사냥한 다른 동물을 둥지에 저장해 두고 알을 낳는 종류도 있다. 200마이크로미터도 안 되는 극미소종부터 50밀리미터가 넘는 대형 종까지 크기도 천차만별이다. 대부분은 단독으로 생활을 하고 사회생활을 하는 건 소수에 불과하다고 한다. 이 책을 읽다 보면 우리가 모르는 이야기가 이렇게 많다.

야생벌의 종류는 15만여 종, 우리나라만 해도 2,000여 종이 보고되어 있다. 꿀벌과 야생벌의 개체수 늘리기는 전 세계적인 과제다. 코로나19 여파로 꿀벌 수송이 제한되어 미국과 유럽, 인도 등의 농산물 생산에 비상이 걸렸다고도 한다. 우리가 먹는 식단은 대부분 벌 수분에 의해 결정된다.

우리나라에서는 벌 서식지를 늘리기 위해 도시양봉 사업을 하는 소셜벤처 어반비즈서울을 만들었고, 2019년에는 국회 옥상에서 90만 마리의 벌을 길러 꿀을 수확했다. 야생나무에 드릴로 3~10밀리미터의 구멍을 뚫어 도심의 비교적 안전한 곳에 '벌 호텔'을 지어 주자는 주장도 등장했다.

생태계 복원을 사업과 연계하는 아이디어를 찾는 기업가도 늘고 있다. 잘만 찾으면 블루오션이 따로 없다. 이거야말로 인간의 집단지성을 벌집처럼 연결해야 할 사업이 아닐까 싶다.

물메기국 넘어가는 소리에 목이 메던 감사

그날 정독도서관 앞 회화나무 아래에 한참 서 있었다. 수령 300년이 넘은 나무의 짙푸른 녹음 때문이었을까. 가지 위에 초가집처럼 얹힌 까치둥지 때문이었을까.

문득 어릴 적 밥상 풍경이 떠올랐다. 당시 국민학교 5~6학년 무렵이었다. 그때 우리는 남해 금산 보리암 아래 토담집에 살았다. 집도 절도 없어서 오랫동안 절집 곁방에 살다가 계곡 옆에 작은 흙집을 마련한 지 얼마 되지 않았다. 마당가 평상에 앉아 점심을 먹는데 키 큰 회화나무와 까치집이 우리를 내려다보고 있었다. 밥상은 대부분 아버지가 차렸다. 어머니는 몸이 좋지 않은 아버지를 대신해 절집이나 산 아래 마을로 일 나가는 날이 많았다.

아버지는 일제 강점기에 재산을 정리해서는 제법 큰 뜻을 품고 북간도로 갔다가 꿈은 하나도 이루지 못하고 빈손으로 돌아

왔다. 광복 이후 혼란기와 전쟁통에 몸까지 상했다. 세상과의 싸움에서 번번이 참패하고, 힘이 다 빠진 상태로 낙향했으니 낙심과 좌절이 오죽했을까. 그래서인지 아버지의 뒷모습에는 늘 알 수 없는 쓸쓸함이 묻어났다.

나는 아버지가 쉰이 다 되어서 얻은 늦둥이였다. 아래로 여동생이 하나, 이렇게 네 식구가 절집에서 눈칫밥을 먹다가 어렵사리 토담집을 마련한 그 시절, 아버지는 가끔 물메기국을 끓여 우리 남매를 먹였다. 물메기는 남해 특산물로 겨우내 빨랫줄에 만국기처럼 걸어 말렸다가 국을 끓여 먹었다. 생김새는 볼품없었지만 맛은 아주 좋았다. 하지만 국물에 풀려 흐물흐물해진 껍질은 밍밍해서 영 맛이 없었다.

그날도 아버지가 물메기국을 끓였다. 나는 맛있는 살만 살살 골라 먹고, 껍질은 오물오물 눈치를 보다가 밥그릇 밑에 슬쩍 뱉어 감춰 놓았다. 아버지가 알면 야단맞을까 봐 짐짓 능청을 떨며 시야를 분산시키곤 했다. 그런데 잠깐씩 한눈을 팔 때마다 물메기 껍질이 감쪽같이 없어졌다. 오물거리던 입을 멈추고 아버지 표정을 조심스레 살폈다. 그러자 아버지가 "야야, 어른이 되믄 껍질이 더 좋단다"며 넌지시 먼 데를 보셨다.

그때 어렴풋이 보았다. 아버지의 깊은 눈빛 사이로 어른거리던 쓸쓸함의 그늘을. 맑은 물에 통무를 썰어 넣고 마른 메기를 잘라 국을 끓이는 동안 아버지는 얼마나 많은 생각을 했을까.

일 나간 어미 대신 아이들 밥상을 챙기는 아비의 마음. 평생 세상을 겉돌다 온 메기 껍질처럼 몸보다 마음이 더 불편했을 아버지의 슬픔이 거기에 녹아 있었다.

그날 밥상 위를 둥그렇게 보듬던 바람은 여느 때보다 습기를 더 머금은 듯했다. 달그락거리는 숟가락 사이로 간간이 먼바다 소리가 들리는 듯도 했다. 한결 고요해진 풍경 속에서 물메기국 넘어가는 소리는 더 크게 들렸다. 그 애잔한 소리에 그만 목이 메었다. 그날의 풍경은 나이 들고 철이 난 뒤에도 쉽게 잊히지 않았다. 그 모습을 지켜 봤을 나무 위 까치집 때문이었을까. 어느 날 까치둥지를 이고 선 정독도서관 회화나무 앞길에서 오래도록 떠나지 못하고 서성거렸다. 그런 내 모습을 회화나무 너머 하늘에서 지켜 봤을 아버지가 내게 시 한 편을 선물하셨다. 어쩌면 아버지가 대신 써주셨는지도 모른다.

아버지의 빈 밥상

정독도서관 회화나무
가지 끝에 까치집 하나

삼십 년 전에도 그랬지
남해 금산 보리암 아래

토담집 까치둥지

어머니는 일하러 가고
집에 남은 아버지 물메기국 끓이셨지
겨우내 몸 말린 메기들 꼬득꼬득 맛 좋지만
밍밍한 껍질이 싫어 오물오물 눈치 보다
그릇 아래 슬그머니 뱉어 놓곤 했는데
잠깐씩 한눈팔 때 감쪽같이 없어졌지

얘야 어른 되면 껍질이 더 좋단다

맑은 물에 통무 한쪽
속 다 비치는 국그릇 헹구며
평생 겉돌다 온 메기 껍질처럼
몸보다 마음 더 불편했을 아버지

나무 아래 둥그렇게 앉은 밥상
간간이 숟가락 사이로 먼 바다 소리 왔다 가고
늦은 점심, 물메기국 넘어가는 소리에
목이 메기도 하던 그런 풍경이 있었네
해 질 녘까지 그 모습 지켜봤을

까치집 때문인가, 정독도서관 앞길에서

오래도록 떠나지 못하고

서성이는 여름 한낮.

______ 지수초등학교의 특별한 동문들

일제강점기인 1921년, 지금의 경남 진주시 지수면 승산리에 지수초등학교(당시 지수보통학교)가 들어섰다. 신식 교육을 받으려는 인근 지역 학생들이 학교로 몰려들었다. 이 마을 토박이였던 LG그룹 창업자 구인회 회장과 의령군 정곡면에 살던 삼성그룹 창업자 이병철 회장, 함안군 군북면에서 태어난 효성그룹 창업자 조홍제 회장이 대표적인 인물이다.

이들 외에도 쟁쟁한 기업인이 많다. 구인회 회장의 동생인 구철회 LG그룹 창업고문을 비롯해 허정구(삼양통상 명예회장), 구정회(옛 금성사 사장), 허준구(GS건설 명예회장), 구자경(LG그룹 명예회장), 구평회(E1 명예회장), 구두회(예스코 명예회장), 허신구(GS리테일 명예회장) 등 60여 명이 이 학교를 졸업했다.

학교 맞은편의 지수면사무소 뒤에는 구인회 회장의 고택이 있다. GS그룹의 허만정 창업주와 허창수 현 회장, 구자원 LIG 명예회장, 구자신 쿠쿠전자 회장, 허승효 알토전기 회장 등의 생가도 줄지어 있다. LS그룹 구태회 명예회장 역시 이곳 출신이다. 이 마을에서 허씨 집안을 뿌리로 GS그룹이 탄생했고, LG · 삼성 · 효성그룹 등이 굴지의 대기업으로 성장했으니 한국 재계의 본산이자 창업가의 요람이라고 할 만하다.

이들의 성공에 얽힌 정암(鼎岩)바위 전설도 유명하다. 진주 남강 물속에 반쯤 잠겨 있는 이 바위는 솥처럼 생겨 '솥바위'라고도 불린다. 예부터 "3개의 솥다리 방향 20리(약 8킬로미터) 이내에서 큰 부자가 나올 것"이란 얘기가 구전되어 왔다. 솥바위를 기점으로 세 갈래 8킬로미터 이내에 이병철, 구인회, 조홍제 생가가 있다.

지수초교는 2000년부터 학생 수 부족으로 쇠락의 길을 걸었다. 며칠 전 작고한 구자경 회장이 젊은 시절 이곳에서 교사로 근무했던 인연으로 종합체육관을 지어 기증하는 등 애를 썼지만 역부족이었다. 2009년 인근의 송정초교와 통합하면서 지수초교 이름을 유지한 게 그나마 다행이었다. 빛바랜 교정에는 과거 이병철 · 구인회 회장이 함께 심은 '부자 소나무'가 자라고 있다.

한동안 폐교로 남아 있던 지수초교가 '기업가 정신 교육센터'로 바뀐다고 한다. 도서관과 창업실천센터, 한옥마을까지 갖춘 테마 관광지로 거듭날 모양이다. 창의적인 인재 개발로 사업보국(事業報國)과 기술대국(技術大國)의 희망을 키워 온 창업가들의 꿈이 이곳을 찾는 사람들에게 면면히 이어지길 기대한다.

나무 심는 CEO를 위한 책

인생도 경영도 올곧게 살아남는 것이 목적

《경영 · 경제 · 인생 강좌 45편》, 윤석철 지음

한국의 피터 드러커로 불리는 윤석철 전 서울대 교수의 책은 경영학과 인생을 동시에 가르쳐 준다. 《경영학의 진리체계》《삶의 정도》 등을 통해 그는 경영에 진리를 잇고 삶에 정도를 접목한다. 독문학, 물리학, 화학, 수학, 전기공학, 경영학을 종횡무진으로 공부한 내공 덕분이다.

《경영 · 경제 · 인생 강좌 45편》은 얇은 책이지만, "150억 년 우주의 역사와 5억 년 약육강식의 자연사 속에서 생존의 지혜를 찾아보려고 고민했다"는 저자의 말처럼 내용이 진지하고 밀도도 높다. 그는 우선 "삶의 생존 경쟁은 없을 수 없으므로 어떻게든 살아남아야 하되, 철학적이고 윤리적으로 살아남아야 한다"고 말한다. 설령 작가들의 비관(悲觀)에 마음이 가더라도, 생명(生命)은 명령(命令)이므로 살아남는 게 인간의 숙명(宿命)이자 사명(使命)이라는 것이다.

경영은 '생존 부등식'을 충족해야 한다고 그는 말한다. 생존 부등식은 한마디로 다음과 같이 정리할 수 있다. '제품의 가치(V) > 제품의 가격(P) > 제품의 원가(C)'. 즉, 소비자가 제품에 대해 느끼는 가치는 제품 가격보다 커야 하고, 가격은 원가(코스트)보다 커야 한다는 의미다.

이런 공식은 모든 기업에 적용된다. 다만 디지털 선도기업에서는 창의성의 가치가 높고 제조업에서는 인건비 등 고정비 비중이 높다는 건 차이점이다. 그가 제시하는 생존 방식은 제로섬 게임이 아닌 프런티어 전략이다. 미국 시인 로버트 프로스트의 〈가지 않은 길〉과 같은 방식이다.

또 하나의 생존 방식은 '너 살고, 나 살고'의 방식, 즉 상생의 길을 실천하는 것이다. 현화식물은 생식기관으로 꽃을 가지며 밑씨가 씨방 안에 들어 있는 식물군이다. 그 현화식물의 꽃가루와 꿀을 먹이로 선택한 곤충들은 가루받이 기술을 개발했는데, 이는 자신들 생존에 기반이 되는 현화식물들의 번식을 돕기 위해서라는 것이다. 포유류도 마찬가지다. 식물의 열매를 먹이로 선택한 그들은 열매식물의 씨를 먼 곳까지 옮겨 줌으로써 자신들의 생존 기반이 번성할 수 있도록 했다. 이는 가격을 낮추는 대신 가치를 높이는 방식이다. 좋은 기업이나 위대한 기업들은 다들 이런 생존법을 통해 스스로 가치를 높이며 성장을 이어왔다.

봄날, 서촌에서 만난 200년 전 시인들

몰입

시가 잘 써지지 않는 날에는 옛길을 찾아 걷는다. 오늘은 서촌 수성동 계곡 아래 옥인동 길이다. 이 동네는 200여 년 전 수많은 시인들이 모여 시구를 다듬고 합평을 하며 밤을 지새우던 곳이다. 그들도 시가 잘 써지지 않으면 이 길을 걸었을까. 서로의 집을 오가며 책장을 더듬고 붓끝을 벼리면서 한 구절이라도 더 빛나는 문장을 얻기 위해 골몰했겠지.

통인시장을 지나 필운대로를 따라 올라가다 길가에서 '송석원(松石園) 터' 푯돌을 만났다. 옥인동 47의 33번지, 전봇대 옆 좁은 보도에 차도를 등지고 서 있어서 그냥 지나칠 뻔했다.

송석원은 조선 후기 서얼과 중인 중심의 위항시인들이 모여 시회를 열던 곳이다. 모임을 이끈 서당 훈장 천수경(千壽慶, 1758~1818)의 집 이름이기도 하다. 집 뒤로 큰 소나무와 바위가 있어 그렇게 불렀다.

천수경은 모임의 이름을 송석원시사(松石園詩社)라고 지었다. 옥류동 계곡에서 자주 모인다고 해서 옥계시사(玉溪詩社)라고도 했다. 시사(詩社)는 시를 짓고 즐기기 위한 모임으로 요즈음의 문학동인과 같다. 천수경과 함께 모임을 주도한 서당 친구 장혼(張混)이 《이이엄집(而已广集)》에 밝힌 모임의 의의는 이렇다.

"장기나 바둑으로 사귀는 것은 하루를 가지 못하고, 술과 여색으로 사귀는 것은 한 달을 가지 못하며, 권세와 이익으로 사귀는 것은 한 해를 넘지 못한다. 오직 문학으로 사귀는 것만이 영원하다."

처음에는 13명이 모였다. 이들은 매월 모여 시를 짓고 문학과 인생을 이야기했다. 직업은 규장각 서리부터 역관, 무관, 술집 중노미까지 다양했다. 신분이 낮았지만 시를 사랑하는 정신은 높았다. 이들의 시도 아름다웠다.

규장각 서리였던 김낙서(金洛瑞)는 가난해서 신발에 구멍이 나도 고칠 수 없을 정도였다. 그런데도 거의 날마다 이곳을 찾았다. 〈송석원(松石園)〉이라는 그의 시에 당시의 모습이 생생하게 그려져 있다.

"외상술에 거문고 들고 날마다 오가니 / 두 짝 신발 바닥 구멍 나도 기울 줄 모르네. / 칠언장편으로 자웅을 다투거니 / 쇠를 치고 공을 때려 진부한 말이 없다네."

돈이 없어 외상술을 들고 다니는 처지이지만, 시를 지을 때만은 쇠를 휘두르고 공으로 때리는 것처럼 했다. 최고의 작품을 완성하느라 배고픈 줄도 몰랐다.

그런 김낙서의 집에도 가끔 시인들이 들렀다. 그는 다 쓰러져 가는 초가집을 '일섭원(日涉園)'이라고 불렀다. 도연명의 〈귀거래사〉에서 따온 이름으로 출세와 거리가 먼 자족의 은유였다. 집의 처마가 얼마나 낮았는지 '무릎이나 겨우 펼 정도'였다. 천수경의 시 〈일섭원(日涉園)〉에 그 장면이 나온다.

"바위를 감싼 짙은 노을 / 그 위로 한가한 소나무. / 이를 위해 이엉 풀 베었으니 / 시냇가 사립문은 닫혔네. / 무릎이나 겨우 펼 처마며 마루 / 얼굴을 펴게 하는 숲의 나무들. / 가끔 흰 구름 바라보고 / 종일 푸른 산 마주보네. / 살림살이 절로 한적해 / 인간 세상 같지가 않네."

이 집에도 바위와 소나무가 등장하니, 송석원과 닮았다. 집이 너무 작아서 마루에 겨우 무릎을 들일 정도이고 세간도 없이 초라하지만, 그 속에서 흰 구름과 푸른 나무를 벗하며 사는 모습이 한 폭의 수묵담채화 같다.

적적하고 쓸쓸한 생활 속에서도 이들은 세속을 초월해 시정(詩情)을 나누며 서로를 북돋웠다. 시회의 인원이 늘자 1년에 두 번씩 수백 명이 편을 갈라 백전(白戰, 맨손으로 싸우듯 치열한 시 대결)을 벌였는데, 여기에 초대받지 못한 사람들은 부끄럽게 여겼다고 한다. 명필로 소문난 추사 김정희도 이곳 모임에 참석해 '松石園(송석원)'이라는 글씨를 써주었다.

당대 최고 화가인 이인문과 김홍도는 1791년 모임 풍경을 그림으로 남겼다. 이인문의 〈송석원시사아회도(松石園詩社雅會圖)〉는 낮 장면이다. 너럭바위에 시인 9명이 2~3명씩 따로 앉아 시를 구상하고 있다. 수성동 계곡물과 바위, 소나무가 선명하다. 주변 풍경으로 봐서 지금의 박노수미술관 부근이 아닐까 싶다.

김홍도의 〈송석원시사야연도(松石園詩社夜宴圖)〉는 밤 장면이다. 너럭바위에 8명이 도포 차림으로 앉아 있고, 1명이 서 있다. 장소는 지금의 옥인동 서울교회쯤으로 보인다. 송석원 건물은 없어지고 그 자리에는 다세대 주택들이 들어서 있다. 몇 군데 남은 옛날 흔적마저 곧 사라질 위기다.

시가 제대로 풀리지 않는 봄날, 옛길에서나마 실마리를 찾아보려는 노력은 별 소득도 없고 벌써 해가 저문다. 옛날 이 길을 걸으며 시상을 가다듬느라 귀밑머리를 연신 비비던 시인들의 마음이 이랬을까.

봄이라지만 아직 꽃은 어리고, 연한 나뭇잎만 미풍에 살랑인다.

노하우(know-how)와 노왓(know-what)

"앞으로는 '어떻게' 풀어야 할지에 대한 노하우(know-how)도 중요하지만 '무엇을' 먼저 해야 할지에 대한 노왓(know-what)이 더 중요해질 것입니다."

장순흥 한동대 총장이 강조하는 말이다. 4차 산업혁명 시대를 선도하려면 업(業)의 본질을 꿰뚫고 새로운 시장을 개척해야 한다는 것이다.

한국이 1980년대 반도체 산업에 뛰어들 때만 해도 선진국을 따라잡는 노하우에 주력했다. 그때는 문제를 어떻게 푸느냐에 집중했다. 이제는 문제의 근본이 무엇인지를 파악해야 하는 때가 됐다. 2+3=?와 같은 '닫힌 문제'는 5라는 답을 찾으면 되지만 ?+?=5 같은 '열린 문제'는 새로운 관점으로 풀어야 한다.

노하우가 과거형 정보와 지식의 평면결합이라고 한다면, 노왓은 미래형 지혜와 성찰의 입체융합이라고 할 수 있다. 경영 현장에서도 주어진 역할만 해내는 사람은 단순한 '관리자'이고 앞으로를 위해 무엇을 해야 할지 알고 움직이는 인재는 '리더'다.

무엇을 해야 하는지 아는 인재는 그것을 왜 해야 하는지도 금방 안다. 《축적의 길》을 쓴 이정동 서울대 교수는 이를 '실행'과 '개념설계'의 차이로 설명한다. 어떤 일을 어떻게 하느냐 하는 실행에서는 노하우가 중요하지만 무엇을 왜 해야 하느냐 하는 개념설계에서는 노와이(know-why)가 중요하다고 한다.

그에 따르면 노하우는 선택과 집중 같은 효율성의 영역이고, 노와이는 독창적인 차별성의 영역이다. 산업화에 뒤진 중국은 이미 실행역량에서 우리 턱밑을 파고들고 있다. 엄청난 인구를 무기로 선택과 집중 전략을 펼치면서 일부 개념설계에선 앞서가기 시작했다.

인류는 지금까지 한 번도 경험하지 못한 속도의 변화를 맞고 있다. 기술 발전에 따른 미래의 불확실성도 커지고 있다. 정치 · 경제 · 사회 등 전방위적인 변화의 물결을 단순한 산업의 변화로 인식해서는 뒤처지기 쉽다. 그래서 교육 혁신과 인재 양성이 중요하다고 전문가들은 입을 모은다. 근본적인 사고 혁신이 필요하다는 점에서 "4차 산업혁명보다 4차 문명혁명이 더 정확한 표현"이라는 김용학 연세대 총장의 지적도 새겨들을 만하다.

여기에다 노웬(know-when, 때), 노웨어(know-where, 장소), 노후(know-who, 사람)까지 아우른다면 더없이 좋은 '인생 육하 원칙'이 아닐까 한다.

나무 심는 CEO를 위한 책

달맞이꽃 피는 데 20분, 담쟁이꽃은 10분 만에 닫아

《식물학자의 정원 산책》, 레나토 브루니 지음

이탈리아 식물학자인 레나토 브루니는 실험실을 벗어난 순간 아내보다도 못한 '식물맹'이라는 사실을 깨닫고 무척 놀랐다. 20년 가까이 식물을 연구했지만 그가 식물을 관찰한 공간은 실험실이라는 인위적인 공간이었다. 그러다 보니 막상 수풀에서 식물을 찾는 데는 서툴기 짝이 없었고, 순식간에 식물을 찾아내는 아내는 그를 연신 놀려대곤 했다. 다행히 할아버지가 물려준 정원을 가꾸기 시작하면서 그는 새로운 발견의 기쁨을 하나씩 누리기 시작했다. 그에 따르면 꽃을 가꾸고 채소를 키우는 사람은 정신이 건강하고, 우울증에 걸릴 위험이 낮으며, 신체 활동량이 많고 인간 관계도 좋다. 정원과 숲 근처에 살기만 해도 이런 효과를 볼 수 있다.

식물은 우리의 스트레스를 줄여 주고, 미세 먼지를 빨아들여 공기를 맑게 하며, 한여름의 열기를 식히고 그늘을 드리워 준다. 식물을 가까이하는 사람은 우울증이나 기도 질환에 걸릴 확률이 더 낮다. 직접 키우지 않더라도 잘 가꾼 정원 옆에 살면 식물의 선물을 누릴 수 있다는 연구 결과도 있다. 그는 정원 이야기를 들려주면서 개화 시기를 인간 사회의 다양한 모습에 비유하곤 한다. 그의 말에 따르면 꽃은 개점 시간이 저마다 다른 '임시 가게'다. 어떤 꽃은 딱 한 번만 문을 열지만, 일단 열면 며칠씩 영업을 한다. 반면 어떤 꽃은 일정한 주기를 두고 문을 여닫곤 한다. 아침 일찍 열고 해가 지면 퇴근하는 성실한 꽃이 있는가 하면, 밤에 일하는 것을 좋아하는 꽃도 있고, 24시간 내내 영업하는 꽃이 있는가 하면 보란 듯이 몇 시간만 일하는 꽃도 있다.

가게를 열기에 앞서 준비하는 시간도 제각각이라고 말한다. 백합은 봉오리를 열어젖히는 데 네 시간이면 충분하지만, 칼랑코에는 백합에 비해 훨씬 작은데도 다섯 시간이나 걸린다. 또한 달맞이꽃은 20분 동안 활짝 피어 있는 데 반해, 담쟁이의 꽃은 10분도 피지 않고 가게 문을 닫는다.

저마다 다른 꽃을 피우는 식물들의 이야기를 들으며 개점 시간을 한참 지나온 내 인생은 이제 또 다른 문을 열어야 할지, 어떤 문을 열어야 할지 고민해 본다.

귀산촌 인구와 햄릿 증후군 준비

귀농(歸農), 귀어(歸漁)에 이어 귀산촌(歸山村)을 꿈꾸는 사람이 늘고 있다. 최근 조사 결과 '산림에서 살고 싶다'는 응답자가 76.4퍼센트나 됐다. 자연에서 호흡하며 건강을 챙길 수 있는 데다 산림자원과 휴양, 치유, 체험 등 연관 아이템까지 풍부하기 때문이다. 땅값이 농지의 10~20퍼센트에 불과하고 농약이나 비료를 뿌려야 하는 농사만큼 힘들지도 않아 은퇴를 앞둔 이들에게 특히 인기다.

예전에는 목재용 나무가 주된 수입원이었다. 그러나 1~2년 만에 수익을 올릴 수 있는 두릅, 오가피, 오미자나 5~6년이면 과실을 얻을 수 있는 산수유, 살구, 산벚 등 수종이 다양해졌다. 버섯이나 산삼류 등 약용식물 수입도 짭짤하다. 고로쇠, 호두나무 재배로 성공한 사례도 많다.

국토의 3분의 2가 산림이지만 임산물과 목재 생산, 휴양 · 관광 분야 활용은 아직 30퍼센트에 못 미친다고 한다. 그래서 산림청이 '사유림 경영 활성화 대책' 등을 내놓고 있다.

귀산촌을 준비하려면 가족 합의부터 작목 선택, 영농기술, 정착지 물색, 주택 및 땅 구입, 영농 계획 수립 등 단계별 전략을 세워야 한다. 임야를 선택할 때도 작물에 따라 신중을 기해야 한다. 벌목 후 유실수를 심으려면 남향 산지도 괜찮지만, 버섯이나 산약초 등을 재배하려면 응달 많은 북서향을 택하는 게 좋다.

이런 정보는 산림청과 지방자치단체 등의 귀산촌 지원 프로그램에서 얻을 수 있다. 한국임업진흥원의 '귀산촌 체험 스테이'나 '산림정보 다드림(林)' 사이트, 한국산림아카데미의 '산촌체험지도사 과정' 등을 활용하는 것도 방법이다.

산림청은 추경예산으로 귀산촌 창업자금을 지원하기도 한다. '귀촌 5년 이내 임업인' 또는 '산림 분야 교육을 40시간 이상 이수하고 2년 이내 귀산촌 예정인 사람'에게 융자 혜택을 준다. 밤·잣 등 임산물 생산·유통자부터 숲 해설가, 산림치유지도사 등 산림복지서비스 종사자까지 포함된다.

조심해야 할 것도 많다. 실패하는 가장 큰 요인은 동네 부인회와 노인회 등 지역주민과의 불화라고 한다. 작목 선정에서도 현지 여건과 기술, 자본력, 품목별 출하 지역 등을 고려해야 한다. 농작물은 다음 해 바꿀 수도 있지만 산작물은 5~10년이 걸린다.

최소 5년 전부터 준비를 하라고 전문가들은 권한다. 산 좋고

물 좋은 곳에서 인생 2막을 누리는 것이야 모두가 꿈꾸는 일이지만, 그럴수록 막연한 기대감만으로 덤벼서는 안 된다는 얘기다. 귀거래(歸去來)는 하루아침에 이뤄지지 않는다.

_____ 햄릿처럼 생각하고 돈키호테처럼 실행하라

귀산촌이든 뭐든 심사숙고 후 결정을 내린 뒤에는 실행이 중요하다. 망설이기만 하다가는 자칫 햄릿증후군에 빠지기 쉽다.

마이크로소프트는 오랜 시간 회의를 거듭한 뒤 중요한 결정을 내린다. 6~8시간이나 걸리는 때도 있다. 창업자 빌 게이츠가 얼마나 심사숙고하는 인물인지 알 수 있다. 그는 "앉아서 생각하라고 월급 준다"는 말까지 했다. 워런 버핏도 자신이 완벽하게 파악하고 있는 기업, 20년 뒤의 흐름까지 보이는 기업이어야 확신을 갖고 투자한다. 전형적인 햄릿형이다.

반면, GE의 잭 웰치와 버진그룹의 리처드 브랜슨, 토크쇼의 여왕 오프라 윈프리 등은 신호가 켜지면 곧바로 방아쇠를 당긴다. 1970년대 말 GE가 5,000만 달러를 들여 수명이 10배 긴 전구를 개발하다가 실패했을 때, 잭 웰치는 프로젝트팀을 칭찬하며 몇몇을 승진까지 시켰다. 과감하게 모험을 하다 실패해도 괜찮다는 메시지를 뚜렷하게 보여 준 것이다. 말하자면 돈키호테형이다.

인간 유형을 햄릿형과 돈키호테형으로 나눈 것은 러시아 작가 투르게네프다. 약 400년 전인 1616년 4월 23일, 같은 날 세상을 떠난 셰익스피어와 세르반테스의 작품 속 캐릭터가 어쩌면 이렇게 대조적일까. 햄릿형은 사색과 회의에 몰두하는 우유부단형, 돈키호테는 생각보다 행동을 앞세우는 돌진형이다. 물론 우리는 이 극단의 중간 어디쯤에 있다.

정보 과잉 시대에 햄릿족은 이것도 괜찮은 듯한데 아닌 것 같고, 저 사람도 좋은 듯한데 아닌 것 같아 결국 선택을 못한다. '아마도, 어쩌면…'을 연발하는 메이비(maybe) 세대, 대학을 마치고 직장에 들어가서도 모든 결정을 부모에게 의존하는 마마보이, 식당 메뉴에서 뭘 골라야 할지 몰라 우물쭈물하는 '글쎄요족' 등이 다 같은 범주다.

정보 과잉이란 곧 선택 과잉을 뜻한다. 독일 저널리스트 올리버 예게스가 말한 결정장애세대는 경제활동 전반에 영향을 미친다. 선택과 비선택 사이의 회색 지대를 배회하는 소비자가 많을수록 경제는 활력을 잃는다.

지금이야말로 햄릿증후군 대신 키호티즘(Quixotism, 돈키호테적 태도)을 얘기할 때다. 실패할지라도 두려워하지 않고 꿈을 실현하기 위해 끝까지 밀고 나가는 돈키호테의 정신 말이다. 모험하는 사람이 큰일도 한다. 옛사람들도 훌륭한 뱃사람은 거친 바다가 만든다고 하지 않았던가.

나무 심는 CEO를 위한 책

‘바람의 말’에 귀를 기울여 보자

《우리말과 한자어》, 박영홍 지음

‘바람’의 어원은 무엇일까. 《우리말과 한자어》에 흥미로운 생태적 설명이 나와 있다. 저자는 “우리말 불(fire)은 불다(blow)란 행위에서 파생되어 나온 것”이라며 “우리가 입으로 바람을 불 때 ‘훅 불다’라고 표현하는 것과 같은 원리”라고 얘기한다. 즉 우리말 ‘바람’의 어원은 ‘불다’이며, 이것은 훅 부는 행위에 초점을 맞추어 발달한 명사라는 얘기다.

단군신화에서도 풍백(風伯), 우사(雨師), 운사(雲師) 중 최고는 풍백이다. 바람 풍(風), 맏 백(伯) 곧 바람의 신이다. 단군신화의 바람은 으뜸신으로서 비와 구름을 움직이는 힘의 원천, 즉 에너지의 시초를 뜻한다.

제주도에서는 음력 2월 초하룻날부터 보름날까지 영등굿을 한다. 영등할망이라고 불리는 바람의 신을 맞아들이는 제의행사다. 신은 구름치마를 휘날리며 보름 동안 제주 전역에서 미역 등 제사 음식을 배불리 얻어먹고, 이 지역의 모든 신을 두루 만난 뒤 우도를 돌아 자기 집으로 떠난다고 한다. 계절의 시작점에 좋은 기운을 불러들이려는 500여 년 역사의 민간 제의다.

봄에 피는 꽃의 이름도 재미있다. 그중에서 개나리와 진달래는 어떤가. 흔히들 접두사 '개'나 '진'을 가짜(거짓), 진짜(참)라는 의미로 쓴다. 개나리는 '가짜 나리', 진달래는 '참 달래' 같은 뜻으로 여기곤 한다.

그러나 개나리의 접두사 '개'는 '강이나 내에 바닷물이 드나드는 곳'을 뜻하는 순우리말 '개'에서 비롯됐다. 생물이 살기에 척박한 땅이라는 뜻이다. 이런 곳에 사는 생물에 '사람의 손을 타지 않은 야생의 것'이란 의미로 '개'를 붙였고, 그 의미가 확장되어 쓰이는 것이라고 한다.

이제 봄이 되면 생명의 원천이자 에너지의 시초인 바람의 뜻을 헤아려 보자. 귀를 기울여 바람의 말을 들어 보자. 그 말의 힘으로 세상을 풍요롭게 만들어 보자. 척박한 땅에서도 노랗게 피어나는 개나리를 보며 야생의 진정한 의미를 생각해 보자.

사색과 영감의 원천… 정원에 빠진 사람들

목적

정원(庭園)의 뜻은 동서양 모두 비슷하다. 한자의 '동산 원(園)'이나 영어의 가든(garden), 프랑스어 자르댕(jardin), 독일어 가르텐(Garten) 등이 '담장으로 둘러싸인 공간'을 의미한다. 이상향을 뜻하는 낙원(paradise)의 어원도 '울타리 속의 즐거운 장소'다.

정원은 철학의 산실이기도 하다. 플라톤과 아리스토텔레스는 숲속에 학교를 세우고 정원을 거닐면서 학생들을 가르쳤다. 에피쿠로스는 밭에서 채소와 과일나무를 키우며 정원 수업을 했다. 학교 이름도 가든 스쿨이었다. 아우구스티누스는 무화과 나무 아래에서의 회심(回心)을 통해 진정한 신앙에 눈을 떴다. 그들에게 정원은 곧 강의실이었다.

작가들은 정원에서 영혼의 안식과 영감을 얻었다. '정원사 헤세'로 불린 헤르만 헤세는 두 번의 전쟁과 망명을 겪으면서도 이

사가는 곳마다 정원을 만들었다. 영국 햄프셔의 시골집에서 평생 식물과 함께 산 제인 오스틴, 미국 버몬트주의 산속 정원에서 동화를 쓴 타샤 튜더도 '정원의 작가'였다.

동양에서는 정원을 선비 정신과 동일시했다. 정조는 창덕궁 후원을 '지혜의 샘'이라고 부르며 자주 거닐곤 했다. 사대부들은 자연경관의 아름다움을 정원에 옮겨오는 차경(借景) 문화를 즐겼다. 1800년대 후반에는 서울 4대문 안 정원이 3,000여 개에 이를 정도였다. 미군 장교로 한국에 왔다가 눌러앉은 '푸른 눈의 정원사' 민병갈은 태안에 국내 최초의 민간 수목원인 천리포 수목원을 일궜다. 홍성열 마리오아울렛 회장은 20여 년에 걸쳐 고향인 당진에 1만 5,000평 규모의 마리오 정원을 가꿨다.

남해 독일마을의 원예예술촌도 유명하다. 약 5만 평에 베르사유궁전풍의 프렌치 가든, 바위와 분수가 어우러진 일본식 화정(和庭) 등의 정원이 모여 있다. 국가정원 1호로 지정된 순천만 정원에서는 해마다 축제가 열린다.

정원은 생명과 부활, 치유의 상징이다. 서양 의사들은 아스피린 대신 정원 산책을 권하기도 한다. 바이러스가 온 세상을 뒤덮은 지금, 이번 주말에는 잠시 작은 꽃과 나무, 풀의 향기 속으로 떠나 보자. 그리 멀지 않은 곳에 있을지도 모른다.

세계의 정원, 어떻게 다른가

정원의 모양은 문화권별로 달랐다. 스페인 정원은 중정식(中庭式)이다. 중세 이슬람 정원의 특징을 접목해서 아케이드나 발코니 중앙에 안뜰을 배치했다. 알함브라궁이 대표적이다. 이탈리아식 정원은 구릉지에서 자연을 전망할 수 있게 한 노단(露壇) 스타일이다.

프랑스식 정원의 특징은 평면기하학 양식이다. 17세기 베르사유궁 정원은 자로 잰 듯한 직선이다. 이런 정형식(整形式)은 자연을 지배하려는 서구 사상의 단면을 상징적으로 보여 준다. 멋모르고 이를 흉내 낸 러시아의 여름궁전 등은 유치함의 극치라는 혹평을 두 배로 받아야 했다.

프랑스는 18~19세기 들어서야 영국이나 중국의 자연주의 풍경식(風景式)을 받아들였다. 영국식 정원은 인위적인 프랑스풍과 달리 전원을 중시했다. 18세기 중엽 풍경화가와 시인들의 영향이 컸다고 한다. 중국도 자연주의 풍경식이다. 영국 사실주의에 비해 사의주의(寫意主義) 경향이 강해서 풍경의 단순 묘사보다 동양적 우주관을 기암괴석으로 표현한 게 많다.

일본도 중국과 비슷하다. 그러나 정원에 모든 요소를 축소해 모아 놓은 밀집형이 특징이다. 극소의 정원인 분재나 분경(盆景)도 여기에서 태어났다고 한다. 과연 아기자기한 일본 스타일이다.

우리나라는 자연모방형에 가까우면서 소박한 절제미를 중시했다. 한·중·일 3국의 공통점은 정원에 반드시 연못을 조성했다는 점인데, 우리와 달리 중국과 일본은 담장을 높게 두른 게 차이점이긴 하다. 아름다운 한국의 정원이라면 비원(秘苑)을 떠올리는 사람들이 가장 많다고 한다.

프랑스 정원역사가 자크 브누아 메샹은 정원을 '은둔의 장소이기 이전에 은밀한 갈증을 해소해 주는 장소, 휴식의 장소이기 이전에 각성의 장소'라고 말했다. 녹음 속의 아늑한 평화에서 시적인 영감과 예술의 아름다움을 함께 느낄 수 있다는 것이다. 그런 점에서 정원은 인간과 자연의 내밀한 접점에서 피는 꽃과 같다.

나무 심는 CEO를 위한 책

정원에서 희망을 본 헤세처럼

《정원 가꾸기의 즐거움》, 헤르만 헤세 지음

헤르만 헤세는 눈이 뻑뻑하고 머리가 아프기 시작하면 그곳으로 가곤 했다. 그곳은 그에게 글쓰기로부터 도망쳐서 쉴 수 있는 안식처였고, 그곳에서의 일들은 노동을 가장한 휴식이었다. 대문호의 영혼이 자라고 즐거움을 키워 주던 그곳, 정원이었다. 《정원 가꾸기의 즐거움》은 독일의 대문호 헤르만 헤세가 말년에 정원을 가꾸며 느낀 단상을 기록한 에세이집이다. 헤세는 정원 가꾸기를 통해서 낭만뿐만 아니라 현실적인 일도 많이 체험했다.

마치 인간 사회의 군상을 그리듯 그는 정원에서 만난 다양한 생명들의 모습을 묘사했다. 땅에서는 좋은 것도 자라났고 나쁜 것도 자랐다. 특별한 양분이 없어도 스스로 잘 자라는 작물이 있는가 하면 많은 양분을 낭비하는 작물도 있었다. 스스로에게 취해 있는 식물도 있었고 다른 식물의 곁에 붙어서 생명을 이어가는 것도 있었다.

도움을 주는 이웃이 있는가 하면 해를 끼치는 이웃도 있었고, 평생 아무런 제약도 받지 않고 제멋대로 생명을 누리다 죽는 식물이 있는가 하면 굶주림으로 힘겹게 버티는 식물도 있었다. 증식을 하는 데 있어서도 어떤 식물은 풍성함을 이어나갔고, 어떤 식물은 많은 공을 들여서야 겨우 종자를 얻기도 했다. 그렇게 여러 식물들의 삶이 지나간다.

어느 봄날, 헤세는 길고도 우충충했던 지난겨울을 떠올리며 말한다. 이제 모든 것이 다시 시작된다고. 정원에서 일하는 사람에게는 또 다른 세상이 보인다고. 비록 봄의 정원은 아직 황량하지만 이제 연두색 상추가 자랄 것이고, 명랑한 강낭콩과 발랄한 딸기가 자랄 것이며, 땅속에 있는 모든 씨앗들은 그렇게 꿈을 꾸며 존재한다고 말이다.

스스로를 게으름뱅이 정원수라 고백했던 헤세가 정작 정원에서 즐긴 것은 무엇보다 앞날에 대한 희망이었다.

4장

꽃의 절정은 낙화 직전

지혜

꽃의 절정은 낙화 직전이다. 필 때보다 질 때 더 아름다운 생멸(生滅)의 미학. 바람결에 흩날리는 벚꽃잎을 보면 더 그런 생각이 든다. 하롱거리는 나비처럼, 쏟아지는 꽃비처럼, 한꺼번에 무너져 내리는 눈사태처럼 비장미의 극점까지 자신을 끌어올렸다가 마지막 순간 불꽃으로 사그라드는 황홀한 정사(情死) 같다. 오세영 시인은 〈벚꽃〉이라는 시에서 꽃의 생명을 비장미와 극치미의 절정까지 끌어올렸다가 한순간에 불꽃같은 정사의 의식으로 치환했다.

피는 건 힘들어도 지는 건 잠깐인 꽃이 벚꽃이다. 가장 극적인 낙화의 미학을 보여 준다. 출근길에 벚꽃 때문에 발을 종종 헛디딘다. 바람에 흩날리는 꽃비를 마중하느라, 길바닥에 하얗게 누운 꽃잎을 밟지 않으려고 몇 번씩 휘청거린다. 꽃말이 순결, 담백이어서 그럴까. 벚꽃은 언제나 마음 한켠을 아리게 한다.

모처럼 여의도 벚꽃이 열흘이나 일찍 피었다. 이상고온 때문이다. 벚꽃 축제도 부랴부랴 앞당겨졌다. 벚나무가 날씨를 알아보는 것은 기온 변화에 대응하는 '온도계 단백질'을 갖고 있기 때문이라고 한다.

이른 벚꽃은 창경궁과 진해, 하동 쌍계사 십리벚꽃길, 순천 송광사 벚꽃길, 충주호 벚꽃터널, 수안보 벚꽃길, 경포호 등에서 즐길 수 있다. 해마다 벚꽃 명소도 늘어나고 있다.

일본에서는 흔히 벚꽃을 사무라이의 상징으로 그린다. 교토의 한 공원에서 신랑이 사무라이 복장에 일본도를 들고 촬영하는 모습을 본 적 있다. 도요토미 히데요시가 산 아래에서 꼭대기까지 벚나무를 심어 놓고 봄 내내 꽃놀이를 즐겼다는 얘기도 유명하다.

일본 벚꽃 축제 명소로는 세 곳이 꼽힌다. 나가노현의 다카토조시 공원은 '천하제일 벚꽃 세상'으로 통한다. 아오모리현의 히로사키 공원에서도 5,000여 그루의 벚꽃 장관을 볼 수 있다. 이런 곳에서 하이쿠[俳句] 시인들은 벚꽃의 극치미를 노래했다. '밤에 핀 벚꽃, 오늘 또한 옛날이 되어버렸네'(잇사), '세상은 사흘 못 본 사이의 벚꽃'(료타) 등.

짧은 생을 불사르고 미련 없이 소멸하는 벚꽃은 시인뿐만 아니라 일본인 모두가 좋아한다. 그 배면에는 일본 특유의 '모노노아와레'(物の哀れ), 즉 모든 존재들의 거부할 수 없는 숙명에

대한 비애미가 깔려 있다. 사무라이의 절명(絕命) 의식도 함께 배어 있다. 선승 료칸의 '지는 벚꽃 / 남은 벚꽃도 / 지는 벚꽃'이라는 시가 태평양전쟁 당시 가미카제 특공대의 주제가로 쓰인 것도 이 때문이리라.

다른 꽃은 어떤가. 벚꽃만큼 바람에 날려 산화하는 꽃이 매화다. 꽃송이가 떨어지지 않고 한 잎 한 잎이 날리며 지는 매화의 죽음은 그래서 풍장(風葬)에 비견되기도 한다. 매화처럼 잎이 한 조각씩 떨어지는 것은 갈래꽃이라고 한다. 꽃잎이 서로 붙어 있어서 질 때도 한 번에 떨어지는 것은 통꽃이다. 개나리와 철쭉, 무궁화, 나팔꽃, 배꽃, 국화꽃 등이 그렇다. 무궁화는 하루 만에 피었다가 지는데, 펼쳤던 꽃잎을 곱게 말아 오므리고 떨어지는 뒷모습이 매우 단아하다.

지는 꽃이 다 아름다운 건 아니다. 몸체가 클수록 마지막은 처량하다. 목련이 대표적이다. 순백의 육감적인 꽃잎이 누렇게 마른 누더기가 돼 힘없이 떨어질 때 목련은 세상에서 가장 참혹한 꽃이 된다. 붉은 흉터를 온몸에 달고 투신하는 동백도 비슷하다. 그나마 동백에는 '순간낙화'라는 최후의 비장미가 있긴 하다.

모든 꽃은 피어날 때 이미 질 것을 알고 있다. 꽃이 죽어야 그 자리에서 비로소 열매가 생기기 때문이다. 그래서 많은 시인들이 지는 꽃 아래서 삶의 깊이를 느끼며 그것을 작품에 담아낸다. 잠시 나의 시 〈수련(睡蓮)〉을 소개한다.

단 사흘 피기 위해
삼백예순 이틀
잠에 든 널 보려고

아침마다 벙글었다
저물녘 오므리며
나 그렇게 잠 못 들었구나

물 위로 펼친 잎맥
연초록 윤기 좋지만
물 밑에선 자줏빛 슬픔
오래 견뎠지

남모를 뿌리 아래로만 내려
연못 바닥까지 닿는 동안에도
햇갈은 제 몸 넓이만큼 세상 비추고
나는 네 물관 타고 몸속만 오르내렸구나

이토록 깊은 잠이 너를
딱 한 번 깨우고 사라지기까지.

부활의 의미를 전해온 잭슨 목련

아일랜드 이민자의 아들로 태어나 미국 대통령이 된 앤드루 잭슨. 그가 태어나기 3주 전에 아버지는 사고로 세상을 떠났다. 미국 독립전쟁 때 13세로 민병대에 입대한 그는 전장에서 맏형을 잃었다. 영국군 포로가 된 뒤에는 둘째 형까지 잃었고, 곧이어 어머니마저 콜레라로 잃었다.

14세에 천애고아가 된 그는 안장 만드는 가게에서 일하며 틈틈이 공부했다. 스무 살에 변호사가 되었지만 도시에서 일거리를 얻기 힘들어 서부 개척지로 향했다. 미국 원주민(인디언)의 습격으로 동료들이 다 죽고 혼자 살아남기도 했다. 이후 농장을 일구고 테네시주 의원이 된 뒤 미·영 전쟁의 영웅으로 승승장구했지만 그의 일생은 순탄치 않았다.

상처로 얼룩진 러브 스토리도 그렇다. 그는 21세 때 동갑내기 레이첼과 사랑에 빠져 3년 만에 결혼했다. 그러나 문제가 있었다. 레이첼이 17세에 결혼했다가 성질 괴팍한 남편에게 쫓겨났는데, 서류가 미처 정리되지 않았던 것이다. 신문에 게재된 이혼 공지를 믿었던 그녀는 절망했다. 당시는 남자가 일방적으로 공지하는 것으로 대부분 절차가 종료되었다고 한다. 결국 잭슨은 레이첼과 살림을 차린 지 2년이 지나서야 법적인 문제를 끝낼 수 있었다.

사람들은 그런 잭슨의 상처에 소금을 뿌려 댔다. 그는 자신과 아내를 비아냥대는 사람에게 세 번이나 결투를 신청해 두 번은 목숨을 잃을 뻔했다. 대통령이 되기까지 그는 열세 번이나 결투를 했는데 그 대가로 두 개의 총알이 몸에 박힌 채 살아야 했다.

1828년 대통령 선거에서도 유례없는 인신공격을 받았다. 남의 마누라를 훔치고 불륜을 저질렀다는 것이다. 어머니는 매춘부였다는 악담까지 들었다. 그러나 마침내 그는 백악관에 입성했다.

레이첼은 아쉽게도 취임식을 두 달 앞두고 심장마비로 세상을 떠났다. 잭슨은 취임 직후 고향집 정원의 목련나무 싹을 가져와 백악관 뜰에 심고 먼저 떠난 아내를 기렸다. 바로 이것이 잭슨 목련의 기원이다.

두 번의 대통령직을 마치고 돌아간 곳도 목련 곁이었다. 그는 평생 홀아비로 살며 아이들을 키웠다. 그에겐 자식이 없어 처가 식구 중 부모 잃은 아이들을 모두 입양해 길렀다. 인디언 고아까지 데려다 돌봤다.

오바마 대통령이 방한하면서 세월호 참사를 당한 단원고에 잭슨 목련의 씨로 기른 묘목을 기증했다. 희생된 학생들을 기리면서 매년 봄마다 새로 피는 부활의 의미를 전하고자 한 것이리라. 어린 목련이 상처의 눈물을 거두고 부활의 꽃을 피우는 날이 빨리 오길 빈다.

나무 심는 CEO를 위한 책

이별의 아픔을 보듬는 부활의 힘

《헤아려 본 슬픔》, C. S. 루이스 지음

앤드루 잭슨만큼 가족과 사별을 많이 한 사람도 드물 것이다. 아버지는 잭슨이 태어나기도 전에 사고로 돌아가셨고, 어머니와 형제는 잭슨이 14세 때인 독립전쟁 중에 사망했다. 우여곡절 끝에 대통령이 된 직후 아내 레이첼을 잃었다.

그는 미국의 전쟁 영웅이자 민주당 창설자로 20달러 지폐 속에 등장하는 인물이지만, 개인으로서는 처절하게 불행한 사람이었다. 그의 옹고집 역시 잇단 사별의 영향이었던 모양이다. 사별을 어떻게 받아들일 것인가. 재혼도 하지 않고 생을 마친 잭슨은 그 문제를 평생 고뇌했다.

《헤아려 본 슬픔》의 저자 루이스(C. S. Lewis, 1898 ~1963, 《나니아 연대기》 작가, 기독교 변증론자)는 골수암 판정을 받은 여인과 재혼했다. 몇 년 뒤 그녀와 사별하는데, 그가 말하는 이별의 슬픔은 담담하지만 절절하다. 잃음은 우리가 사랑을 경험함으로

써 뒤따라오는 한 부분이라고 그는 말한다. 결국 잃는다는 것은 춤이 중단되는 것이 아니라 그다음의 춤으로 이어지는 것이다.

그는 이 끝없이 이어지는 춤에 대해 이렇게 설명한다. 사랑하는 사람이 앞에 있을 때, 우리는 그 사람 손에 이끌려 앞으로 나아가지만, 그 사람이 모습이 더 이상 보이지 않게 되더라도 우리는 여전히 그 자리에 남아 있도록 배워야 한다는 것이다. 그것이 이 춤의 슬픈 장면이라고. 우리는 이 춤을 멈출 수 없다.

아무리 뛰어난 시대의 영웅이라 해도 개인적인 슬픔 앞에서는 약한 인간일 수밖에 없다. 삶이 힘겨울 때 춤의 힘을 믿어 본다.

새봄의 꽃눈은 이미 지난해에 잉태되었음을
발아

잔설 속에 핀 노란 꽃잎이 함초롬하다. 저 여린 몸으로 눈밭을 녹이며 봄을 밀어 올리느라 얼마나 애썼을까. 야생의 봄을 가장 먼저 알리는 꽃 복수초(福壽草)는 눈이나 얼음 사이에서 핀다고 설연화(雪蓮花), 빙리화(氷里花), 얼음새꽃으로 불린다. 황금색 잔처럼 생긴 꽃이라 해서 측금잔화(側金盞花)라는 이름도 갖고 있다.

앙증맞은 노루귀도 봄의 전령사다. 꽃이 진 뒤 깔때기처럼 말려서 나오는 잎이 노루의 귀를 닮았다고 이렇게 귀여운 이름을 얻었다. 흰색, 분홍색, 보라색 꽃잎이 연한 바람에 흔들리는 모습이 영락없는 아기노루다. 순천 금둔사의 홍매화도 벌써 꽃망울을 터뜨렸다. 붉은 꽃이 흰눈 속에 피어 더욱 강렬하다.

여수와 거제, 남해 일대의 동백은 익을 대로 익었다. 동백에 이어 산수유와 생강나무, 유채꽃밭도 미풍에 넘실거릴 것이다.

남쪽에서 시작한 봄꽃은 하루에 30킬로미터씩 북상한다. 개나리는 서귀포에서 시작해 남부와 중부 지방으로 꽃날개를 활짝 편다. 진달래는 하루 정도 늦게 피어 발걸음도 사뿐히 전국 산하를 즈려밟는다.

꽃의 절정기는 개화 후 7~10일이다. 이때부터 봄꽃 축제가 곳곳에서 개막된다. 매화는 전남 광양과 경남 양산, 유채꽃은 제주 서귀포, 산수유꽃은 전남 구례와 경북 의성, 진달래는 전남 여수와 인천 강화 등에서 축제 마당을 펼친다. 국내 최대의 벚꽃 잔치인 진해군항제, 하동 화개장터 십리 벚꽃길 축제, 서울 여의도 벚꽃 축제는 4월 초에 시작된다.

꽃축제의 대미를 장식하는 건 철쭉이다. 지리산 자락의 바래봉 철쭉제, 경남 합천의 황매산 철쭉제, 충북 단양의 소백산 철쭉제 등은 마니아들의 특별 잔치다. 산행 말고 가벼운 주말 나들이를 원한다면 가족이나 연인과 함께 가까운 수목원, 식물원을 찾는 것도 좋다.

강진 백련사 동백숲은 정약용의 다산초당 초입에 있어 애잔하다. 섬 모양이 마음 심(心) 자를 닮은 거제 지심도, 드라마 〈별에서 온 그대〉 촬영지인 통영 장사도에도 동백꽃이 지천으로 핀다. 선운사 동백은 미당의 시구처럼 가장 늦게 피어 4월에나 볼 수 있다.

꽃은 언제 봐도 새롭다. 님소식은 들쭉날쭉해도 꽃소식은 변함없다. 봄마다 터지는 꽃봉오리에 마음이 붉어지고 온몸에 꽃물이 든다. 꽃밭을 거닐다가 소매 가득 향기를 안고 돌아온다는 서거정의 시구와도 닮았다. 김홍도는 그림 판 돈 30냥을 주고 매화 화분을 샀다는데 요즘 돈으로 150만 원이니 비싸다. 봄부터 가을까지 피는 꽃들을 앞뒤마당에 심어 놓고 계절마다 호사를 누리는 꿈이야 돈도 들지 않으련만.

조선 후기 문신 권상신은 '남고춘약(南皐春約)'에 꽃놀이 규칙을 기록해 놨다.

"보슬비가 오거나, 안개가 짙거나, 바람이 거세도 날을 가리지 않는다. 빗속에 노니는 것은 꽃을 씻어 주니 세화역(洗花役)이라 하고, 안개 속에 노니는 것은 꽃에 윤기를 더해 주니 윤화역(潤花役)이라 하며, 바람 속에 노니는 것은 꽃이 떨어지지 않도록 지켜준다 하여 호화역(護花役)이라 한다."

꽃구경 가자는데 날씨 핑계 대며 오지 않는 친구들을 낭만적으로 구슬린 것이다.

이른 봄에 피는 꽃은 작고 연하지만 생명력은 강하다. 잔설이 채 녹기도 전에 이리 고운 꽃들을 일제히 피워 올리는 기운은 어디에서 나오는 걸까. 풀, 나무마다 움을 틔우는 과정은 제각기 다르다. 하지만 오묘한 생명의 원리는 같다.

올봄에 피는 꽃들의 꽃눈이 이미 지난해 잉태됐다는 것을 알고 나면 세상 보는 시각도 조금은 달라질 것이다.

_____ 행군 중 목마른 군사들에게 조조가 가리킨 매실 숲

세상이 아무리 시끄러워도 봄은 온다. 언 땅을 뚫고 올라온 복수초처럼 절망 속에서도 희망을 피워 올리는 게 봄꽃이다. 땅이 꽝꽝 언 다음에야 비로소 망울을 피워 올리는 꽃. 흩날리는 눈발을 맞으며 서서히 몸을 여는 설중매화(雪中梅花). 고아한 자태만큼 향기도 고운 게 매화다.

송나라 시인 왕안석이 '담 모퉁이 매화 몇 가지 / 추위 이기고 홀로 피었네. / 멀리서도 눈이 아닌 줄 알겠나니 / 은은한 향기 온몸에 풍기누나'라고 했듯이 예부터 눈 속의 매화를 지고의 아름다움으로 쳤다.

남녘 봄소식을 가장 먼저 알려주는 매화는 전남 순천 낙안의 금둔사 홍매화다. 금둔사 홍매화는 동지섣달부터 한겨울 내내 피고 지기를 반복한다. 날이 추워지면 오그라들고 햇살이 좋으면 피기를 거듭한다. 개화가 조금 빠르면 연말부터 꽃망울을 터트리기 시작한다. 겨울이 포근하면 1월 말부터 꽃잎을 활짝 열어젖힌 매화송이가 부쩍 늘고 장관을 이룬다. 초봄 추위에 붉은 꽃잎을 앙다문 납월매가 일품이다.

섬진강 주변에도 봄의 전령이 닿았다. 전남 광양 외압마을과 경상남도 하동 일대에 홍매화가 한창이다. 광양 청매실농원 일대 10만여 그루의 매화향이 섬진강 허리를 휘감고 돈다. 꽃절로 불리는 선암사의 매향은 깊고도 그윽해서 옷자락에 금방 배어날 정도다.

양산 통도사 홍매화도 아름답기 그지없다. 제주에선 폭설 사이로 매화 꽃놀이가 펼쳐졌다. 서귀포 대정의 노리매(놀이+매화) 축제는 한 달간 계속된다. 한림공원과 휴애리 자연생활공원도 매화 향기로 가득하다. 백매화와 홍매화, 청매화에 이어 능수매화까지 자태를 뽐낸다.

여기에서 옛 이야기 한 대목을 들춰 보자. 조조의 대군이 행군 도중 갈증에 시달렸다. 워낙 목이 말라 전투도 하기 전에 쓰러질 판이었다. 이때 조조가 "조금만 더 가면 매실 숲이 있으니 거기 가서 마음껏 갈증을 풀자"며 건너편 산을 가리켰다. 그 말에 모두들 입안에 침이 고여 원기를 되찾았다. 매실을 떠올리며 갈증을 잊은 망매지갈(望梅止渴)의 고사가 여기에서 나왔다.

매실은 신맛을 띠지만 알칼리성이 강해 피로회복과 체질개선에 좋다. 원산지인 중국에서는 3,000여 년 전부터 약재로 써왔다. 시트르산(구연산) 함량이 많아 근육에 쌓인 젖산을 분해하고 칼슘 흡수를 촉진한다. 간 해독 기능도 탁월해 예부터 3독(음식물, 피, 물)을 없애는 '푸른 보약'으로 불렸다. 최근에는 항암 효과까지 입증됐다.

다만 날것으로 먹으면 독성이 청산(青酸)으로 분해돼 중독을 일으키기도 한다. 그래서 매실주와 매실차, 매실청, 매실식초,

매실잼, 매실장아찌 등으로 다양하게 가공해서 먹는다. 특히 매실차에는 강한 살균, 해독 작용이 있다. 식중독 예방과 변비 치료에 효과적이다. 매실차나 매실장아찌를 담글 때 차조기잎을 함께 사용하면 훨씬 좋다고 한다.

일본판 매실장아찌인 우메보시[梅干]에도 차조기잎이 들어간다. 우메보시의 붉은 빛 역시 차조기잎에서 나오는 것으로 색깔과 향미를 더해 준다. '우메보시도 3년이 넘으면 약'이라는 속담이 있는데, 4년 숙성한 걸 분석했더니 염분이 거의 없어 신장병이나 고혈압 환자에게도 문제가 없었다고 한다.

일본 사람들은 우메보시를 1,000년 전통의 건강식품이라고 자랑한다. 그러나 학자들은 1,300여 년 전 가야 유민들이 전수한 것으로 보고 있다. 일본 고사기 《만엽집》에 매실 관련 기록이 110건이나 되는 걸 보면 그럴 듯하다.

최근에는 매실 수확량이 늘고 출하 시기도 빨라졌다. '매화꽃이 많이 피면 풍년이 들고, 매실이 많이 달리면 농사가 잘 된다'고 하는데 반가운 일이다. 가격도 착하다. 출하량이 늘어나면 더 싸질지 모른다. 이래저래 입맛과 건강을 다 챙길 수 있어 좋다.

나무 심는 CEO를 위한 책

삶의 절박함을 매실에 담다

《행복아 니는 누하고 살고 싶냐》, 홍쌍리 지음

전북 광양시 다압면 지막1길 55 일대. 매화마을 터줏대감을 자처하는 홍쌍리청매실 농원이 있다. 40여만 평 부지에 3월에는 매화가 흐드러지고 6월에는 매실이 가득 열린다. 1995년부터 거의 매해 100만여 명씩 다녀가는 매화 명소다. 3,000여 개의 옹기 항아리마다 청매실이 익는다.

2022년 미수(米壽)에 접어든 주인 홍쌍리 여사는 국내 1호 매실 식품 명인이다. 인생곡절을 구수한 입담 섞어 토해 내니 시가 됐고, 2019년에 시집으로 묶어 세상에 내놓았다. 당시 유명 시인들과 정재계 인사들이 늦깎이 시인의 데뷔를 축하했다. 그 시집이 《행복아 니는 누하고 살고 싶냐》다. 그에 따르면 '가끔 행복했고, 자주 눈물겨웠던' 이야기가 그 속에 담겨 있다. 엄마를 일찍 여읜 딸로서, 가난한 살림을 도맡은 며느리로서, 임을 먼저 보낸 여인으로서 그녀의 사연은 가슴 아픈 한 편의 드라마를 보는 듯하다.

빚쟁이들한테 옷 찢기고, 머리 뽑히고, 몸에 멍들던 날들, 머리 못 잡게 짧게 자르고 미제 스모바지에 야전점퍼만 입고 다녀야 했던 쓰라린 얘기도 담겨 있다.

그때 그런 절박함이 매실나무 외길의 결심을 굳히게 하고, 앞을 보는 혜안을 틔워 주었다고 한다. 그런 삶이 시로 되살아났으니, 이웃 마을 김용택 시인이 “기가 막힌다”며 감탄했을 만도 하다.

수목원과 자연휴양림에서 녹색 샤워를

휴식

바람끝이 맵지만 햇살은 벌써 봄이다. 변산바람꽃과 명자꽃이 피었다. 보송보송한 갯버들의 솜털이 앙증스럽다. 봄꽃 피는 시기가 며칠 앞당겨졌다는 소식이 들린다. 꽃샘추위가 남았지만 2~3월 기온이 평년보다 높아 꽃 마중도 빨라질 모양이다.

제주한라수목원을 비롯한 전국의 수목원은 봄꽃을 한꺼번에 만날 수 있는 명소다. 벌써 봄소식이 당도했다. 국내 최대 난대림(暖帶林) 자생지인 전남 완도수목원에서는 분홍 애기동백을 비롯해 개나리, 수선화, 목련 등이 4월까지 지천으로 핀다. 순천 미림수목원과 진주 경남수목원, 부산 화명수목원, 금강수목원 등 남해안 일대의 수목원도 한창 물이 올랐다.

충남 태안 천리포수목원과 청산수목원, 공주 금강수목원 등 서해안 지역에도 봄빛이 완연하다. 해양성 기후로 겨울에도 추위가 덜하고 따뜻한 봄바람이 일찍 부는 환경 덕분이다. 오후 3시쯤 활짝 피었다가 해가 저물면 잎을 오므리는 복수초, 혹한에서도 탈 없이 견디는 설강화 등 봄맞이 향연을 즐길 수 있다. 조금 있으면 600여 종의 목련이 잇달아 핀다.

이제는 노약자나 유모차, 휠체어 사용자를 위한 무장애탐방로 '다함께 나눔길'이 완공되었다. 꽃길과 바다, 숲과 노을을 한꺼번에 감상하기에 좋다.

산림청에 등록된 국·공·사립수목원은 광릉·홍릉 등 전국 51개에 이른다. 이 가운데 부산화명수목원, 대구수목원, 한라수목원, 인천수목원, 황학산수목원, 부천무릉도원수목원, 한밭수목원, 강릉솔향수목원, 경북수목원 등 13곳은 무료로 이용할 수 있다. 사립인 아침고요수목원(가평)의 봄꽃축제도 화려하다.

야생화 이름을 몰라도 문제없다. 희귀한 야생화를 스마트폰으로 찍어 검색하면 인공지능이 해결해 준다. 국립공원관리공단이 카카오와 손잡고 펼치는 꽃검색 서비스다. 기초적인 내용뿐만 아니라 집단지성을 활용한 정보까지 찾아 알려 준다. 이젠 '이름 모를 꽃'이라는 낡은 표현도 없어질 것 같다.

전국의 자연휴양림은 크고 작은 것을 합쳐 160여 개에 이른다. 이 가운데 산림청이 운영하는 국립 자연휴양림(39곳)의 인기가 가장 높다. 수도권 최고 명소는 경기 가평에 있는 유명산 자연휴양림이다. 잣나무가 빽빽한 길의 '숲 체험 데크 로드'를 좋아하는 사람이 많다. 서울 경계에서 30분이면 도착할 수 있다.

양평군 단월면의 산음 자연휴양림에서는 낙엽송·전나무·잣나무·층층나무 등의 원시림을 즐길 수 있다. 천년고찰 용문사와 은행나무도 인근에 있다.

최근에는 양주에 아세안 자연휴양림이 새로 생겼다. 이곳에서는 한국과 아세안(동남아국가연합)의 전통가옥을 재현한 숲속의 집과 각국 문화를 한꺼번에 체험할 수 있다. 송추나들목에서 20분 거리에 있다.

강원도에서는 대관령 자연휴양림(강릉)과 용화산 자연휴양림(춘천), 청태산 자연휴양림(둔내)을 으뜸으로 친다. 대관령의 아름드리 소나무숲과 춘천비경 8선 · 화천비경 9경, 치악산 · 오대산국립공원 등과 연계한 코스가 일품이다.

충남 서천 희리산 해송자연휴양림의 사철 푸른 해송림을 거쳐 전북 부안의 변산 자연휴양림, 모항, 새만금방조제, 부안영상테마파크를 잇는 휴양림 벨트도 좋다.

전남 순천 낙안민속 자연휴양림과 순천만 갈대밭, 낙안읍성 · 벌교 · 여자만까지 이어지는 남도 코스나 경북 봉화의 청옥산 자연휴양림과 경남 함양의 지리산 자연휴양림도 빼놓을 수 없다.

이런 자연휴양림을 찾는 사람이 워낙 많아서 인터넷 회원제(www.huyang.go.kr)로 숙박을 예약해야 한다. 65세 이상은 ARS(자동응답서비스) 전화로 문의할 수 있다. 예약이 까다롭다고 겁먹을 필요는 없다. 당일 예약 취소분을 그날 인터넷 및 현장 판매로 구할 수도 있다. 일부 등산 대피소처럼 마구잡이 예약을 했다가 오지 않는 사람들이 허다해 당일 행운을 얻는 경우가 의외로 많다. 물론 마음 편하게 즐기려면 지금부터 차분히 준비하는 게 좋다.

지금도 잊을 수 없는 건 문학기행 중 하루를 지낸 경남 남해 국립편백자연휴양림의 봄밤 풍경이다. 쏟아지는 별빛이 금방이라도 이마에 닿을 듯했다. 숲에서 뿜어져 나오는 신선한 공기와 피톤치드의 은은한 향이 온몸을 감쌌다. 그 사이로 맑은 새소리와 연인들의 속삭임이 귓전을 간지럽히기도 했다.

550여 년 간 사람 손 타지 않은 광릉숲

남양주 광릉에는 조선 세조와 정희왕후가 나란히 누워 있다. 세조는 1468년 52세로 세상을 떠나기 전 이곳을 묘역으로 정하며 "돈 많이 쓰지 말고 간소하게 조성하라"고 명했다. 석곽과 묘실도 따로 두지 말라고 했다. 백성의 노역과 비용을 줄이고, 자신도 빨리 흙으로 돌아가겠다는 뜻이었다. 이는 조선 초기 능제(陵制)에 변혁을 이루는 계기가 되었고, 이후의 왕릉 조성에 모범이 되었다.

광릉을 둘러싼 숲은 능림(陵林)으로 지정해 일반인의 출입을 금지했다. 이후 광릉숲은 550년 동안 사람의 손을 타지 않았다. 전쟁 중에도 훼손되지 않아 생태계의 보고(寶庫)로 불린다. 넓이는 2,238헥타르(680만 평)로 의정부, 남양주, 포천에 걸쳐 있다. 이 숲에는 천연기념물인 참매, 붉은배새매 등 귀한 동식물이 산다.

침엽수 중에서 가장 큰 나무는 높이 41미터, 직경 120센티미터의 전나무다. 계곡과 가까운 언덕에도 밑동 둘레가 4미터나 되는 아름드리 나무들이 있다. 유네스코는 광릉숲의 가치를 높이 평가해 2010년 생물권보전지역으로 선정했다.

시련기도 있었다. 광복과 한국전쟁 직후에는 땔감을 노리는 도벌꾼 때문에 애를 먹었다. 산림과학원 자료에 도벌꾼으로부터 나무를 지키기 위해 초막을 짓고, 숲속에서 잠복근무를 했다는 얘기가 나온다. 1960~1970년대에는 솔잎혹파리 때문에 소나무가 대부분 고사해 리기다소나무, 잣나무 등으로 대체했다.

광릉숲 전체의 절반인 1,119.5헥타르는 국립수목원(옛 광릉수목원)이 관리하고 있다. 수목원 남쪽 끝의 전나무숲 풍광이 아주 좋다. 1927년 월정사에서 씨앗을 가져다 키운 묘목들이 울창하게 자랐다.

피톤치드는 오전 10시부터 낮 12시 사이에 많이 나온다. 하루

5,000명 이내로 예약자만 방문할 수 있다. 수목원을 제외한 나머지 숲은 보존을 위해 막아 놨다. 일반에 처음 공개된 2006년부터 해마다 이틀씩만 문을 연다. 개방되는 날에는 숲길 입구의 '웃는 눈썹 바위'를 비롯해 희귀한 나무와 꽃들을 만날 수 있다.

희귀생물은 물론, 갓 돋아나는 새순부터 시간을 견뎌온 고목까지 모두가 더불어 살아가는 곳. 550여 년 간 자신의 모습을 지켜 온 이 보물 같은 숲은 지금 우리에게 앞으로의 세상을 보여주고 있다.

나무 심는 CEO를 위한 책

이상과 백석을 어루만진 휴양의 의미

《산촌여정》, 이상 지음

시인 이상이 제비다방을 폐업하고 금홍과 헤어진 뒤 카페 3곳을 열었다가 닫은 것은 1935년이었다. 이후 그는 평북 성천으로 휴양 여행을 가서 마음을 정리하는 글을 썼다.

"청석 얹은 지붕에 별빛이 내려쬐면 한겨울에 장독 터지는 것 같은 소리가 납니다. 벌레 소리가 요란합니다. (…) 코로 기계 기름 냄새가 드나듭니다. 석유등잔 밑에서 졸음이 오는 기분입니다. (…) 내일은 진종일 화초만 보고 놀리라, 탈지면에다 알코올을 묻혀서 온갖 근심을 문지르리라, 이런 생각을 먹습니다."

그는 "죽어버릴까 그런 생각을 하여 봅니다"라고 쓰고, 말미에는 "밤의 슬픈 공기를 원고지 위에 깔고 창백한 동무에게 편지를 씁니다. 그 속에는 자신의 부고(訃告)도 동봉하여 있습니다"라고 쓰기도 했다.

그가 《매일신보》에 연재한 《산촌여정》에 나오는 대목이다.

백석 시인은 애인과 헤어진 뒤 1940년께 만주로 가서 헤매 돌다 해방 뒤 고향 정주로 옮겼다. 당시 고향 가는 길에 신의주에서 잠시 휴양하며 쓴 시(詩)가 〈남신의주 유동 박시봉방〉이다.

두 시인의 휴양이란 씁쓸하고 외롭기 그지없는 것이었다. 그럼에도 불구하고 이들의 글은 진정한 휴식이란 무엇인지 곰곰 생각하게 한다. 지난날을 되새김질해 보고, 부끄러운 일마저 정직하게 걸터듬어 보는 것, 거기에서 오는 짜릿한 마음 씻김을 두 시인은 일찍이 체험했던 것 같다.

경칩과 곡우 사이, 단비에 온 땅이 촉촉해지니

이면

얼음이 풀리고 봄이 본격적으로 시작되는 절기, 경칩. 겨울잠을 자던 동물들이 깨어나면서 땅은 곳곳에서 새싹을 밀어올리고 산과 들은 한껏 기지개를 켠다. 냉이 달래, 쑥 같은 들나물이 달큰하게 물오르는 것도 이 무렵이다. 꽃다지, 광대나물이 곧 봉오리를 맺으면 산꽃들이 화답하듯 천지에 흐드러지리라. 나무에도 수액이 단물처럼 고이기 시작한다. 고로쇠나무가 많은 지리산에서는 약수제를 준비하며 고로쇠 물받이 채비에 바쁘다.

봄비 속에 흙일을 준비하는 때도 이즈음이다. 예부터 경칩에는 흙일을 하면 탈이 없다고 해서 벽을 바르거나 담을 쌓기도 했다. 농가마다 가래와 써레를 다듬으며 농사지을 준비를 하고, 다가올 곡우에 맞춰 못자리판을 둘러본다. 빗소리에 실려 오는 풍년 소식을 예감하며 새벽마다 논둑을 거니는 농부의 마음처럼 봄비는 그렇게 우리 모두를 적신다.

가난한 집안에 웃음꽃이 피는 것은 또 어떤가. 그 옛날 보릿고개 뒤에도 산야에 돋는 풀잎으로 배고픔을 달랠 수 있었다. 사랑하는 사람들은 고운 봄풀과 푸른 보리밭 넘어 그리운 편지를 쓰기도 한다. 그리고는 '비둘기 발목만 붉히는 은실 같은 봄비'(변영로)를 타고 올 답장을 기다린다.

봄의 마지막 절기 곡우(穀雨, 4월 20일)에 내리는 비는 백곡을 기름지게 하는 단비다. 예부터 모든 곡식이 잠을 깨는 곡우에 비가 내려야 논에 못자리를 할 수 있다고 했다. 못자리가 잘 돼야 가을에 수확이 많을 것은 당연하다. '곡우에 가물면 땅이 석 자가 마른다'는 말도 그래서 나왔다.

땅에서 만물이 피어나는 것처럼 물에서도 생기가 넘쳐 난다. '강나루 긴 언덕' 옆에서 민물고깃배와 낚시꾼들은 신바람이 난다. 서해 칠산 앞바다와 연평도 일대에는 알배기 참조기가 떼를 지어 몰려온다.

이 무렵 산란 직전에 잡은 조기를 '곡우사리 조기' '오사리 조기'라 해서 최상품으로 친다. 이것을 해풍에 말린 게 곧 임금님 수라상에 올린다는 곡우사리 굴비, 오가재비 굴비다.

이때쯤에는 나무에도 수액이 넘쳐난다. 고로쇠나무가 많은 지리산에서는 곡우 때 약수제까지 지낸다. 자작나무·박달나무·다래나무 수액도 인기다. 위장병 치료에다 남자에게 좋다는 고로쇠물은 경칩부터 나지만 이뇨작용에다 여자에게 더 좋다는 거자수액(자작나무)은 곡우 때가 절정이다.

곡우 전에 딴 우전차(雨前茶)도 마찬가지다. 맨 먼저 딴 찻잎이라 해서 첫물차라고도 하는데, 맛이 좋고 향이 은은하며 생산량은 적어 값이 비싸다. 곡우가 지나면 순이 잎으로 변해 맛이 줄어들기 때문이라고 한다.

하지만 다성(茶聖) 초의선사는 '[중국 다서(茶書)에] 곡우 5일 전이 가장 좋다고 돼 있으나 우리나라에서 곡우 전후는 너무 빠르고 입하 전후가 적당하다'고 했다. 절기와 생육이 중국과 다른 것을 일깨우는 말이다.

곡우에는 산꽃들이 흐드러지게 피어난다. 청명에 피기 시작한 들꽃이 산으로 번지는 모양새다. 일렁이는 강물 사이로 버들가지 푸르고 온갖 꽃 비단 장막에 푸른 숲이 아롱거리는 절기.

때맞춰 곡우 앞두고 내리는 단비에 온 땅이 촉촉하다. 이 비 아니었으면 들꽃과 산꽃 사이에 수천수만의 빛깔이 있다는 것을 몰랐을 것이다. 꽃잎 뒤태를 슬며시 들추며 딴청 피우는 빗소리 때문에 서러운 풀빛이 짙어오는 것도 모를 뻔했다.

______ 파락호 자처했던 대원군과 운현궁의 봄

"뭐? 대원군이 네 명이라고?"

"그럼. 흥선대원군만 있었던 게 아냐. 선조의 아버지 덕흥대원군, 인조 아버지 정원대원군, 철종 아버지 전계대원군도 있었어. 흥선대원군이 유명한 건 왕이 즉위할 때 살아 있었고 섭정으로 엄청난 권력을 휘둘렀기 때문이지."

점심 시간에 운현궁을 찾은 직장인들의 대화다. 비가 와서 그런지 관람객은 많지 않았다. 간간이 외국인 관광객들의 모습도 보였다.

대원군이란 후사 없이 죽은 왕을 대신해 종친 중에서 뽑은 후계자의 친아버지 아닌가. 우리 역사상 가장 유명한 대원군인 흥선대원군. 12세에 즉위한 고종을 대신해 정치판을 쥐락펴락한 흥선대원군 이하응의 권세는 막강했다. 종로 낙원상가 옆에 위치하고 있는 운현궁은 바로 그 역사의 무대다. 고종이 태어나 즉위하기 전까지 자란 곳이기도 하다. 대원군의 위세만큼이나 궁궐처럼 크고 웅장했던 저택인데 지금은 노안당(老安堂), 노락당(老樂堂), 이로당(二老堂)과 부속 행랑채만 남아 있을 뿐이다.

대원군은 이곳에서 전용문을 통해 궁궐로 드나들며 섭정을 펼쳤다. 한때 세도가들의 음모로부터 목숨을 지키기 위해 파락호를 자처하며 상갓집 개라는 별명까지 들었던 그였다. 국가는 수십 년간 이어져 온 세도정치로 피폐할 대로 피폐해 있었고, 그는 바닥에 떨어진 왕권을 회복하고 국가를 재건해야 했다. 그는 시정잡배 행세를 하며 깨달은 문제들을 과감한 개혁으로 해결했다. 비변사 폐지, 양반 세금 징수, 의복제도 개선, 지방관리 부패 척결 등이 그래서 가능했다.

그러나 당시는 세계사의 격변기였다. 서양 문물 때문에 유교 사회 질서가 흔들릴까 두려워 천주교를 박해하고 쇄국정책을 펴는 바람에 그는 신문물을 받아들일 기회를 놓쳐 버렸다. 세계사적 흐름을 같이 하지 못한 대가는 너무 컸고, 그 결과 '강력한 개혁 정치가'와 '보수적인 국수주의자'라는 엇갈린 평가를 동시에 받았다. 19세기 조선의 정치사를 관통했던 그의 일생은 시대의 모순 그 자체였다.

김동인 장편소설 《운현궁의 봄》은 매우 상징적이다. 대원군의 파란만장한 일생과 조선시대 말의 혼란하고 복잡한 내외 정세를 그린 작품으로, 원군이 피눈물로 견디며 훗날을 준비했던 역사의 현장, 오랫동안 쓸쓸했던 이곳에 봄이 찾아왔다는 것으로 그의 시대를 그렸다.

오랜만에 가본 운현궁의 봄은 아직 덜 익었다. 이로당 화단의 매화나무가 봉오리를 맺기 시작했고 목련이 기지개를 켜며 앙증맞은 손을 내밀 뿐이다. 나무들 못지않게 서둘러 봄을 만나기 위해 이곳을 찾은 사람들의 모습도 종종 발견된다.

질곡의 역사를 고스란히 담고 있는 운현궁. 한때는 입장료를 받던 때도 있었지만 2014년 이후 무료로 개방되어 시민들은 이제 자유롭게 이곳을 찾고 있다.

나무 심는 CEO를 위한 책

'때'를 안다는 것

《계절 탐구》, 이효성 지음

《계절 탐구》의 저자 이효성은 언론학자로 성균관대 교수와 방송학회장 등을 역임했다. 그의 글은 곡진(曲盡)하고 알차다. 인문학적 지혜도 넘실거린다.

이 책에서의 계절은 흔히 말하는 봄, 여름, 가을, 겨울의 사계를 넘어 다시 6개로 나눈 24절기를 뜻한다. 그는 계절은 시간의 구획이나 마디 같은 물리적인 양으로 존재하기보다는 우리의 삶으로 존재한다고 말한다. 그래서 우리 선조들은 이 24절기를 삶에 적용해 왔고, 오늘날 우리도 유용하게 사용하고 있다.

24절기는 중국에서 발달한 천문력(天文曆)으로 서양 그레고리력보다 더 정밀하게 계절의 순환을 반영한다고 한다.

"24절기는 계절의 순환 주기인 1년 동안 해가 도는 것처럼 보이는 궤도인 황도(黃道)라는 천구상의 대원(大圓)을 낮과 밤의 길이가 같은 춘분점을 기점으로 서쪽에서 동쪽으로, 즉 시계 반대

방향으로, 15도 간격으로 나누어 얻은 24개의 구간이다. 1년은 365일이므로 절기의 평균 길이는 약 15.2일이고 한 달에 두 개 절기가 있게 된다.”

24절기에 대한 설명은 이처럼 간명하다. 저널리즘의 대가답다. 이 책을 읽다 보면 태양의 온기를 적시에 활용하는 과학적 지혜가 곧 24절기라는 걸 알 수 있다. 눈 밝은 리더들이 ‘때’를 거론하는 뜻이 무언지 ‘아, 그렇구나!’ 하고 깨닫게 된다.

산수유와 생강나무와 김유정의 '동백꽃'

분별

김유정 단편 〈동백꽃〉의 한 부분을 보면, 노란 동백꽃의 알싸한 냄새에 온 정신이 아찔해진다는 대목이 나온다. 웬 '노란 동백꽃'이며 '알싸한' 냄새인가. 동백이 자라지 않는 강원 지방에서 동백, 동박나무는 생강나무를 가리킨다. '아우라지 뱃사공아 배 좀 건네주게. 싸리골 올동백이 다 떨어진다'의 올동백도 마찬가지다. 가지를 꺾으면 생강 냄새가 나서 생강나무라고 부른다.

산기슭에 소보록하니 깔린 이 꽃무리를 산수유로 혼동하는 사람들이 많다. 봄 초입에 노랗고 작은 꽃잎들이 촘촘하게 뭉쳐 피니 둘을 구분하기 어려울 만도 하다. 자세히 보면 산수유꽃은 길이 1센티미터쯤의 가는 꽃자루 끝에 달려 있고, 생강나무꽃은 그냥 가지에 붙어 있다. 꽃을 피운 줄기 끝도 산수유는 갈색이고 생강나무는 녹색이다.

몸통이나 줄기로도 구분할 수 있다. 키가 큰 산수유는 줄기가 거칠고 껍질이 벗겨진 부분도 많지만 생강나무는 작고 매끄럽다. 열매 색깔도 산수유가 빨갛고 생강나무는 까맣다. 용도 또한 산수유는 약용(과육), 생강나무는 미용(씨앗기름)으로 다르다. 산수유는 재배하지만 생강나무는 자생한다. 도시나 마을 근처에는 산수유, 산에는 생강나무가 많다.

산수유 열매는 술과 차, 한약재로 쓴다. 강장에 좋다. 산수유 산지로는 구례 산동면과 산내면이 유명하다. 산동은 1,000년 전 중국 산동성 처녀가 시집 오면서 산수유 묘목을 갖고 와 심었다 해서 붙은 이름이다. 1,000년 넘은 '할머니 나무'[始木]가 그곳에 있다.

수천 그루가 한꺼번에 피우는 꽃무리는 더없이 화사하다. 꽃말이 '영원불변의 사랑'이어서 꽃과 열매를 연인끼리 선물하곤 한다. 박목월 시처럼 '산수유꽃 노랗게 흐느끼는 봄'을 지나 가을이 오면 꽃 진 자리마다 빨갛게 열매가 익는 걸 보면서 누구나 그런 사랑을 꿈꾸리라. 구례 산수유 축제는 끝났지만 올해는 개화가 늦어 아직도 꽃천지다. 이천과 양평에서도 축제가 열린다.

또 한편으론 강원도 산자락 어디쯤에서 노란 동백꽃무리가 알싸한 향기를 내뿜고 있을 것이다. 꽃밑을 살금살금 기어서 산알로 내려간 점순이와 바위를 끼고 엉금엉금 기어서 산 위로 치빼는 더벅머리 총각을 슬쩍 훔쳐보면서.

단풍나무는 따로 있다

단풍 물든 가을숲에선 누구나 마음이 순해진다. 바알간 잎을 만져 보면 금세라도 손바닥에 단물이 묻어날 것 같다. 이즈음 산과 들은 어딜 가든 아름답다. 형형색색의 물감을 뿌린 만산홍엽의 계절이다.

단풍은 가을철 붉고 노랗게 물든 낙엽수를 통칭하는 말이다. 그러나 타는 듯 붉은 단풍나무는 따로 있다. '붉을 단(丹)'에 '단풍나무 풍(楓)'. 단풍나무 종류는 주로 북반구에 150종쯤 된다고 한다. 우리나라에는 수입 단풍나무를 합쳐 20종이 있다. 북미에서 들여온 은단풍, 설탕단풍, 네군도단풍과 중국에서 가져온 당단풍, 일본이 개량한 홍단풍 등이 주를 이룬다. 비가 적당히 오거나 일교차가 클수록 색깔이 아름답다.

캐나다의 상징인 메이플은 우리나라 단풍과 다른 종이다. 단맛이 많아 사탕단풍이나 설탕단풍으로 불린다. 이 나무에서 추출한 것이 캐나다산 메이플 시럽이다. 단풍나무는 목재가 단단하고 질겨서 가구로 많이 활용된다. 특이한 무늬가 있는 나무일수록 비싸게 팔린다. 고급 악기와 야구방망이 재료로도 쓰인다.

세계적인 단풍 명소는 캐나다 동부 나이아가라 폭포에서 퀘벡시티까지 이어지는 800킬로미터의 '메이플 로드'다. 미국 미시간주와 마주하는 수생마리, 나이아가라 폭포, 퀘벡주 로렌시안,

몬트리올 동쪽의 이스턴 타운십, 세인트로렌스강의 킹스턴 천섬, 퀘벡시티 오를레앙섬도 단풍으로 유명하다.

미국에서는 동부 뉴햄프셔주의 화이트 마운틴이 최고의 단풍 여행지로 꼽힌다. 산악 열차가 있어서 마운트 워싱턴 정상까지 올라갈 수 있다. 뉴욕 업스테이트 뉴팔츠의 모홍크, 버몬트주와 닿은 뉴욕 에디론댁 마운틴도 이름난 곳이다. 일본 홋카이도의 조잔케이 호헤이쿄와 중부의 다테야마 구로베 알펜루트, 중국 장자제[張家界]와 타이항산[太行山], 충칭[重慶] 역시 단풍 관광지다.

우리나라에선 설악산과 오대산, 내장산 같은 전통 명소에 이어 최근 경기도 광주 화담숲 등이 인기를 끌고 있다. 지리산 피아골과 청송 주왕산, 해남 두륜산, 포천 국립수목원, 가평 아침고요수목원에서도 만추의 풍광을 즐길 수 있다.

당나라 시인 두목은 '서리 맞은 단풍잎이 봄꽃보다 붉다'고 했고, 윤동주 시인은 '단풍잎 떨어져 나온 자리마다 봄이 마련되고 있다'고 했다. 그러고 보니 가을 단풍엔 쇠락의 시간을 넘어 부활을 준비하는 색깔이 배어 있다.

나무 심는 CEO를 위한 책

세상의 모든 리더는 다 봄꽃

《꽃》, 윤후명 지음

빼어난 문체미학으로 한국 소설계에 우뚝 선 소설가 윤후명 선생은 꽃을 너무도 사랑했다. 젊은 시절 한때 꽃농원 주인을 꿈꿀 정도였다. 원예농장에서 일도 했다는 그는 이때의 추억을 〈알함브라 궁전의 추억〉이라는 단편으로 형상화하기도 했다. 꽃에 관한 에세이도 여러 권 썼다.

그의 책《꽃-윤후명의 식물 이야기》에 실린 이야기 한 토막을 들춰 보자. 내용인즉슨 봄날 북한산에서 만난 생강나무꽃을 보고 산수유로 착각했다는 것과 김유정 소설 〈동백꽃〉에 등장하는 동백꽃을 붉은 동백꽃으로 장편소설에 잘못 인용해 썼다는 것이다. 알고 봤더니 둘 다 생강나무꽃이었다. 몇 년 뒤에야 이 사실을 알고는 "마침내 생강나무를 보았다"며 기뻐했다고 한다.

그는 이름과 실제 모습을 함께 안다는 것은 삶에 있어서 매우 중요한 과제라는 성현들의 말을 인용하며 김춘수 시인의 〈꽃〉

을 떠올렸다.

김춘수 시 〈꽃〉은 명목과 실질의 철학적 사유로 읽히기도 하고, 실리에만 눈이 어두운 현실을 꼬집는 교훈으로 읽히기도 한다. "우리들은 모두 / 무엇이 되고 싶다. / 나는 너에게 너는 나에게 / 잊혀지지 않는 하나의 눈짓이 되고 싶다"는 마지막 연은 불타오르는 의지의 외침으로도 들린다.

어쩌면 봄꽃이 싹을 틔워 보겠다는 발아의 외침인지도 모른다. 의지를 불사르며 고군분투하는 리더들을 위로하는 문장으로 이만한 시구가 없을 듯하다.

그래서 세상의 모든 리더는 다 '봄꽃'이다.

미스김 라일락과 튤립 이야기

활용

때 아닌 돌풍이 몰아닥쳤다. 봄에 보기 드문 돌개바람이다. 강한 회오리에 꽃잎이 사방으로 흩날린다. 앙증맞은 입을 벌리며 막 벙그는 라일락꽃도 이리저리 흩어진다. 꽃 진 자리마다 진하게 묻어나는 향기가 애잔하다.

라일락은 풍성한 꽃무리와 함께 뛰어난 향기로 전 세계에서 인기를 끄는 관상수다. 고결하고 아름다운 사랑을 상징하는 꽃이기도 하다. 긴 깔때기 모양의 꽃이 네 갈래로 벌어지고, 원뿔 모양의 꽃차례에 수십 송이씩 함께 피니 더 풍요롭다. 홑꽃과 겹꽃, 8겹까지도 핀다. 품종에 따라 흰색, 연보라색, 붉은 보라색 꽃이 피는데 가장 많은 게 보라색 계통이다.

영어 이름 라일락(lilac)은 푸르스름하다는 뜻의 아라비아어에서 왔다. 프랑스어로는 릴라(lilas)라고 한다. 1960년대를 풍미한 노래 〈베사메 무초〉에 나오는 '리라꽃 향기를 나에게 전해다오'

의 그 리라가 바로 라일락이다. '나에게 듬뿍 키스해 주세요'라는 노랫말처럼 라일락 향기는 첫사랑의 키스만큼 달콤하고 감미롭다.

시인 T. S. 엘리엇이 〈황무지〉에서 '4월은 잔인한 달 / 언 땅에서 라일락을 키워 내고'라 했듯이, 라일락은 춥고 척박한 땅에서도 잘 자란다. 우리나라에서도 북부 지방의 석회암 지대에 많이 산다. 성질이 까다롭지 않아 어디에 옮겨 심어도 잘 자란다. 수수꽃을 많이 닮았다 해서 우리말 이름으로는 '수수꽃다리'로 불린다. 그러나 엄밀하게는 우리 자생종 이름만 그렇고, 유럽 원산인 라일락은 '서양수수꽃다리'로 구분한다.

라일락은 수수꽃다리보다 키가 좀 더 크고 꽃과 잎은 작다. 꽃 색깔은 수수꽃다리보다 자색이 진하다. 향도 수수꽃다리가 은은한 데 비해 라일락은 강하다. 가장 큰 차이는 새순이 나는 자리다. 라일락은 뿌리 부분에서 맹아가 많이 돋고, 수수꽃다리는 뿌리에서 싹이 나지 않는다. 유전적으로 비슷하긴 해도 순우리꽃 수수꽃다리와 수입품종 라일락은 각기 다른 나무다. 그러나 전문가가 아닌 이상 이를 완전하게 구별하기는 쉽지 않다.

라일락은 식물 자원의 중요성을 이야기할 때도 꼭 등장한다. 1947년 미군정청 직원이 북한산에서 얻은 수수꽃다리 종자를 미국으로 가져간 뒤 보라색 꽃으로 개량하고 특허를 낸 '미스김 라일락' 얘기다. 함께 일하던 여직원의 성을 따 이름 지었다는 이 꽃은 미국 라일락 시장의 30퍼센트를 차지할 정도로 인기가 높다. 그걸 우리가 로열티를 주고 역수입하고 있으니 안타깝긴 하다. 바람에 흩날리는 라일락 꽃잎따라 봄날의 상념도 이리저리 흩어진다.

튤립에도 많은 이야기가 숨겨져 있다. 네덜란드 꽃으로 워낙 유명하지만 원산지는 터키다. 중앙아시아 톈산산맥에서 자라던 야생화를 오스만 제국 시절부터 터키 사람들이 재배하기 시작했다.

원래 이름은 랄레(Lale)였다. 생김새가 터번과 닮았다 해서 머릿수건을 뜻하는 터키어 튈벤트(Tülbent)로 불리다가 튤립(Tulip)이 되었다. 18세기 오스만 투르크 전성기를 '튤립의 시대(랄레 데브리, Lale Devri)'라고 부르는 것도 이 때문이다. 튤립은 터키의 국화다.

16세기 유럽으로 전해진 튤립은 네덜란드에서 큰 인기를 끌었다. 당시 황금시대를 구가하던 네덜란드 사람들은 아름답고 이국적인 이 꽃에 매료되었다. 수요가 급증하자 가격이 치솟았고 품귀 현상이 벌어졌다. 꽃이 피기 전까지는 어떤 색깔인지를 알 수 없어서 구근을 로또식으로 사재기하기에 바빴다.

1624년에는 가장 귀한 '황제 튤립'이 암스테르담의 집 한 채 값과 맞먹는 상황이 됐다. 구근이 생기기도 전에 어음으로 거래하는 선물시장이 생기자 숙련 노동자 최고 연봉의 10배까지 뛰었다. 그러나 1637년 값이 곤두박질치면서 파국이 왔다. 튤립 투기의 비극이었다. 이로써 네덜란드는 영국에 경제대국 지위를 넘겨주게 됐다. 튤립 파동은 거대한 거품 경제를 가리키는 용어가 됐다. 튤립은 역사상 최초의 투기 상품으로 평가되었다.

하지만 중국 당나라 때의 모란 광풍에 비하면 훨씬 나중에 일어난 일이다. 부를 상징하는 모란이 귀족들의 사랑을 받자 경연대회에서 1등을 차지한 모란 가격이 집 한 채 값을 훌쩍 뛰어넘었다니 튤립 파동과 빼닮았다. 시인 백거이가 〈진중(秦中)에서 읊다〉는 시에서 '한 포기 꽃이 중농 열 집의 세금'이라고 했고, 시인 노륜은 '장안의 10만 가구가 파산했다'고 할 정도였다.

튤립이 네덜란드에 불행만 안긴 건 아니다. 세계 최고 수준의 품종 개량 덕분에 지금은 수출품 1위로 자리 잡았다. 암스테르담 근교에서 열리는 '유럽의 봄' 축제에는 해마다 100만 명 이상의 관광객이 몰린다. 터키도 만만치 않다. 터키 문화관광부는 4월 이스탄불 튤립 축제 때 3,000만 송이로 도시 전체를 장식한다. 두 나라의 튤립 대결이 치열하다.

우리나라에서도 매년 4~5월에 충남 태안과 전남 신안, 경남 남해 장평, 미조 등에서 화려한 튤립 축제가 열린다. 에버랜드 튤립 축제는 한발 앞서 시작한다. 아이들 손 잡고 탐스러운 튤립을 감상하러 길을 나서 보자.

종자기업 몬산토의 최후

미국 종자기업 몬산토는 사카린 제조회사로 출발했다. 1901년 의약품 도매회사 직원 존 F. 퀴니가 독일에서만 생산되던 사카린을 제조하기 위해 세운 회사다. 회사명 몬산토는 아내의 결혼 전 성(姓)을 따서 지었다.

사카린을 코카콜라에 납품하며 입지를 굳힌 몬산토는 카페인과 바닐린을 생산하면서 몸집을 키웠다. 1915년에는 매출액 100만 달러를 넘어섰고, 1917년부터는 아스피린 제조에도 뛰어들었다. 1·2차 세계대전을 계기로 농업용 제품과 위생용품 시장에까지 진출했다.

농업 부문을 핵심 사업으로 삼은 것은 1960년대부터다. 1980년대 식물 세포의 유전자 변형 연구를 본격화한 뒤로는 GMO(유전자변형식품)에 주력했다. 미국에서 생산되는 콩의 97퍼센트가 몬산토 종자다. 그만큼 시장 지배력이 높다. 2008년 〈비즈니스위크〉지가 선정한 '세계에서 가장 영향력 있는 10대 기업'에 들었고, 〈포브스〉의 '올해의 기업', 〈포천〉의 '일하기 좋은 100대 기업'에도 뽑혔다.

환경단체로부터는 나쁜 기업으로 찍혀 욕을 많이 먹었다. GMO는 과학적으로 안전성이 입증되지 않았으며, 지구 생태계를 파괴한다는 비난도 받고 있다. 인체에 해롭지 않다는 연구 결과를 아무리 발표해도 "돈 먹고 쓴 논문"이라는 논란에 묻히기 일쑤다.

이렇게 빛과 그림자를 동시에 지닌 '농업 왕국'이 창립 107년 만에 독일의 다국적 화학 · 제약기업인 바이엘에 팔리면서 간판을 내리게 됐다. 아스피린으로 유명한 바이엘은 1954년 몬산토와 손잡고 미국 시장에 폴리우레탄을 판매한 적이 있다. 아스피린 생산 인연까지 있으니 전혀 낯선 관계는 아니다.

독일 역사상 가장 큰 규모의 인수합병(약 67조 4,000억 원)으로 세계 최대 살충제, 종자 통합기업이 탄생했다. 바이엘은 화학과 곡물 사업의 장점을 활용해 디지털 농업의 새 장을 열겠다고 했다. 다우케미칼과 듀폰이 다우듀폰으로 통합됐고, 켐차이나가 스위스 농업회사 신젠타를 인수한 것을 염두에 둔 전략이다.

소비자들의 반응은 기대 반 우려 반이었다. 농업 생산성이 높아질 것이라는 희망과 시장 독점, GMO 확산에 대한 불안감이 교차했다.

무한 경쟁 시대의 기업은 이처럼 안팎의 경영 환경 변화에 민감할 수밖에 없다. '좋고 나쁜' 기업에 대한 판단은 차치하고 자고 나면 판도가 바뀌는 게 비즈니스 전쟁이다. 100년 넘는 기업들의 인수 · 합병 과정을 보면서 창업과 수성(守城)의 의미를 다시금 생각하게 된다.

나무 심는 CEO를 위한 책

향료와 화장품… 돈이 되는 식물

《당신이 알고 싶은 식물의 모든 것》, 이남숙 지음

이 책은 말 그대로 '모든 것'을 담은 식물학 개론서다. 노랗게 다가오는 봄꽃 이야기부터 식물의 조직과 기관, 구조, 식물에 얽힌 타령과 전설, 식물 자원 활용과 식물 산업 분야까지 두루 꿰고 있다.

식물 산업에 관한 대목이 솔깃했다. 기껏 푸성귀 취급이나 받는 나물이지만 여기에도 풍요로운 식물 산업의 생태계가 망라되어 있다. 소비량이나 채취량, 거래물량, 거래액은 이루 다 추정할 수 없을 정도다.

최근 각광받는 식물 산업은 화장품 분야다. 그중에서도 코스메슈티컬(cos-meceutical) 분야가 신성장 동력이라고 한다. 코스메슈티컬은 화장품(cosmetic)과 의약품(pharmaceutical)을 합친 말로, 의학적으로 검증된 성분을 추가해서 치료 기능을 강화한 화장품을 말한다. 필요한 영양분을 공급해서 피부색과 조직을 윤택하게 하는 식물 소재의 천연화장품이다.

수세미, 살구, 연꽃, 망고씨, 섬기린초, 개암, 망고스틴의 코쿰, 마카다미아, 장미, 감국, 홍삼, 감초, 귤피나무 열매와 감초잎 추출물, 층층이부채꽃, 퉁퉁마디, 카모마일, 서리태, 발효 호두, 살구씨, 상백피, 지구자와 한련초 등 원료로 쓰이는 식물들의 목록이 즐비하다. 허브와 알로에, 향기식물의 목록도 궁금해진다. 생각할수록 식물 자원의 활용도와 돈이 될 식물 원료의 목록이 늘어날 것 같다.

화장품과 관련한 꽃 이야기도 눈길을 끈다. 분꽃은 남미 원산으로 종자에 하얀 가루분이 들어 있어서 분꽃이라 했다. 지금은 볼 터치로 화장을 하지만 옛날에는 잇꽃으로 연지를 만들어 사용했다. 연지를 만드는 재료는 잇꽃과 주사(朱砂, 수은과 황의 화합물)였다. 고구려에서는 주사, 신라에서는 잇꽃으로 연지를 만들었다.

식물학의 대가가 쓴 책이어서 이야기의 범위가 아주 넓다. 저자는 이화여대 생명과학부 교수이자 서대문자연사박물관장이다.

숲속의 버터, 아보카도

근원

영양가 높고 맛 좋고 건강식으로도 주목받는 슈퍼 푸드. 열대과일 아보카도가 웰빙 식품으로 인기를 끌고 있다. 아보카도 원산지는 멕시코로 알려져 있다. 기후가 비슷한 미국 캘리포니아 남부에서도 많이 자란다. 우리나라에는 제주도에 농장이 있다. 심은 지 5~10년 만에 수확하는데 병충해에 약한 게 단점이다.

어원인 아후아카티(ahuacati)는 아스텍어로 고환을 뜻한다고 한다. 열매 두 개가 달려 있는 모습에서 유래한 이름인데 정력에 좋다는 속설도 여기에서 나왔다.

아보카도는 단백질을 비롯해 11종의 비타민, 미네랄 등이 풍부해서 영양가 1위 과일로 꼽힌다. 혈압을 조절하는 칼륨이 열대 과일 중 가장 많다. 고혈압, 동맥경화 예방에 효과적이라고 한다.

100그램당 열량은 177킬로칼로리나 되지만 당분은 2.7그램밖에 안 돼 당뇨병 환자에게도 좋다. 지방의 85퍼센트가 혈관에 유익한 불포화지방인 것 또한 장점이다. 기름은 식용유와 화장품 재료로 쓰인다.

잘 익은 과육은 노란색을 띠며 버터 맛이 난다. 그래서 숲속의 버터로 불린다. 식감이 부드러워 멜론이나 바나나와 비슷하다. 일본 초밥이 서구에 진출했을 때 날것을 부담스러워하는 서양인에게 대체재로 인기였다. 쌀과 궁합도 잘 맞아 캘리포니아롤에 많이 쓰인다. 채식주의자들의 육식 대용으로도 최고다.

얼마 전 미국 화학학회 학술회의에서 아보카도 씨의 껍질에 항암 성분이 많이 담겨 있다는 연구 결과를 발표한 뒤 각국 수요가 급증했다. 항산화 성분으로 심장 질환까지 예방한다는 소식에 찾는 사람이 더 늘었다. 학자들은 "아보카도 씨를 둘러싼 껍질에 악성 종양은 물론 혈중 지방 축적을 막아 주는 영양분이 많다"며 "씨 껍질을 버리지 말고 최대한 활용하라"고 권했다.

일본에서는 지난 10년간 수입량이 10배나 늘었다. 도야마[富山] 중앙식물원이 '세계에서 제일 영양가가 높은 식물'이라고 소개한 것이 기폭제였다. 최대 생산국인 멕시코에서 수입해 가격 변동은 그리 심하지 않은 편이다. 우리나라에서도 소비가 매년 늘어나는 추세다. 수입량의 70퍼센트 이상은 미국에서 들여온다. 그동안 한 개에 2,000~3,000원의 가격이었는데, 산지 가격이 오르니 수입가도 덩달아 뛸까 봐 걱정이다. 그래도 망고보다는 싸다는 게 작은 위안이다.

파프리카와 바나나에도 저마다 사연이

"파프리카에 암수가 있다고?"

몇 년 전 한 종편 채널이 암수 구분하는 법까지 그럴싸하게 소개했다. 끝부분이 네 갈래로 갈라진 게 암파프리카이고 세 갈래로 갈라진 게 수파프리카라는 것이다. 암파프리카는 달고 식감이 좋아 샐러드에 적합하며, 수파프리카는 식이섬유가 많아 볶음에 좋다는 조리법까지 곁들였다. 솔깃할 법도 했다. 그러나 근거 없는 얘기다. 파프리카는 수술과 암술이 꽃 안에 함께 있어 '완전화'로 불린다. 암수가 따로 있을 수 없다.

파프리카의 공식 학명인 캡시컴(*Capsicum*)은 고추를 뜻하는 그리스어 'Kapto'에서 유래했다. 영어로는 단고추(sweet pepper), 종고추(bell pepper)라고 한다. 독일어와 네덜란드어권에서는 파프리카(paprika), 프랑스에서는 피망(piment)이라고 부른다. 모두 고추를 뜻한다.

그런데 우리나라에서는 둘을 달리 인식한다. 피망을 개량한 종묘가 들어오는 과정에서 새로운 작물인 양 네덜란드식 이름까지 따라왔기 때문이다.

일본도 비슷하다. 프랑스에서 온 피망과 네덜란드에서 온 개량종을 차별화한 것이다. 개량 정도에 따라 굳이 나누자면 매운맛이 살짝 나고 육질이 질긴 것은 피망, 단맛이 많고 아삭아삭하게 씹히는 건 파프리카다. 피망은 빨강과 녹색 두 종류, 파프리카는 빨강 · 노랑 · 오렌지색 · 녹색의 네 종류가 있다.

파프리카의 또 다른 이름은 비타민의 왕이다. 100그램당 비타민C 함량이 375밀리그램으로 과일, 채소류 중 1위다. 피망의 2배, 키위 · 딸기의 4배, 시금치의 5배다. 비타민C는 녹색보다 붉은색에 2배, 주황색에 3배 더 많이 들어 있다. 주황색에는 면역력을 높이는 베타카로틴도 풍부해 감기예방, 피부미용, 스트레스 해소에 좋다고 한다. 빨간색에는 발암 억제 효과가 있는 캡산틴이 많아 성장 촉진, 면역력 증가, 노화 방지, 숙취 해소에 도움을 준다. 노란색에는 눈 건강을 돕는 루테인, 녹색엔 빈혈을 예방하는 철분이 많다.

한때는 수출만 했다. 지금도 수출 물량의 99퍼센트는 일본으로 간다. 요즘은 국내 소비가 급증해 내수에 집중하는 농민이 늘고 있다. 파프리카 소비는 갈수록 늘고 있다.

안타까운 것은 이런 국민채소의 씨앗을 수입에 의존하고 있다는 사실이다. 수입 가격이 순금보다 비싸니 황금씨앗이란 말로도 부족하다. 그나마 정부가 종자 산업을 육성하기 위해 늦게라도 팔을 걷어붙였다니 다행이다.

바나나에도 얘깃거리가 많이 담겨 있다. 16~17세기 유럽 사람들은 바나나를 '아담의 무화과' '천국의 무화과'라고 불렀다. 하와가 따 먹은 선악과도 바나나이며, 몸을 가린 것도 여린 무화과잎이 아니라 넉넉한 바나나잎이었을 것이라고 생각했다. 한 번도 본 적 없는 희한한 열대 과일에 온갖 상상과 전설을 갖다 붙였을 만하다.

바나나 하나는 감자 하나와 거의 같은 열량을 갖는데, 당분과 비타민 A, C가 풍부하다고 한다. 영양 흡수가 빨라 프로골프 선수들이 라운드 중 즐겨 먹기도 한다. 크기가 절반인 몽키바나나에도 칼륨과 섬유소가 많다. 바나나 가루나 바나나 식초는 다이어트 식품으로도 인기다.

바나나라는 말은 아랍어로 손가락을 뜻하는 바난(banan)에서 유래했다. 예나 지금이나 모양에 따라 이름 짓는 게 많다. 축구공을 휘어지게 차는 바나나킥이나 활 모양으로 구두굽을 휘게 만든 바나나 힐도 그렇다.

따뜻한 지역에서만 생산되는 과일이어서 바나나 분쟁도 많았다. 1990년대 유럽연합과 미국의 무역 분쟁은 항공기 영공 통과 금지 등의 극한 대결로 치달았다. 유럽이 옛 식민지에서 수입하는 바나나와 미국에서 수입하는 중남미산 바나나에 차별 관세를 매긴 게 문제였다.

미국은 한때 중남미 바나나 재배 국가에 군대를 보내 바나나 전쟁까지 벌였다. 1차상품을 수출하는 저개발 국가들을 '바나나 공화국'이라고 부른다. 이 용어는 오 헨리가 소설 속에 처음 사용해서 더 유명해졌다.

어쨌든 바나나를 둘러싼 역사의 진폭은 꽤나 넓다. 우리나라에는 필리핀산이 95퍼센트 이상 들어온다. 태풍으로 바나나 가격이 뛰어 시장에 비상이 걸린 적이 있었는데, 다행히 값이 20~30퍼센트 싼 아프리카산이 들어와 4,000원이면 한 송이를 살 수 있다고 한다. 옛날엔 특별한 날에나 먹던 바나나를 지구 반대편에서 금방 수입해 아무 때나 즐길 수 있게 됐으니 이야말로 자유무역과 시장경제 덕분이다.

이렇듯 자연은 오랫동안 많은 이야기들을 담아 왔다. 그리고 인간은 그 각각의 다양한 사연과 이야기들로부터 또 다른 새로운 세상을 만들어 왔다.

다가올 미래는 자연에 대해 많은 기대를 하고 있다. 그들의 이야기가 지금까지와는 다른 색의 세상을 펼칠 거라는 기대와 가능성을 상상한다. 미래는 근원의 시간을 찾아가는 여행이 될 것이다.

나무 심는 CEO를 위한 책

자연이 원하는 생존의 근본 원리, 종 다양성

《바나나 제국의 몰락》, 롭 던 지음

생물 다양성 이슈가 제기될 때 자주 거론되는 얘기가 '바나나 멸종위기설'이다. 꺾꽂이를 통한 무성생식의 단일 유전자 품종으로 대량 생산되던 바나나가 파나마병에 걸려 초토화되었다는 지적도 있고, 멸종 위기종이던 그로미셀종이 캐번디시종으로 대체돼 세계 시장을 다시 휩쓸게 되었으니 결국 문제를 해결할 수 있을 거라는 얘기도 있다.

《바나나 제국의 몰락》은 여기에서 나아가 더 근본적인 문제를 제기한다. 책에 따르면, 우리가 섭취하는 열량의 80퍼센트를 차지하는 작물은 겨우 열두 종에 불과하며, 90퍼센트를 차지하는 작물도 열다섯 종밖에 되지 않는다고 한다. 몇몇 작물로 구성된 단순한 식단에 의존하게 되면서 지구의 형태 역시 단순해졌다고 말한다.

바나나를 넘어 대다수 식용작물의 유전자 가짓수가 얼마 안

된다는 말이다. 북미 지역에서는 어린이들 신체 성분 중 탄소의 절반 이상이 옥수수로 채워지고 있다고 한다.

저자 롭 던은 노스캐롤라이나대 응용생태학 교수다. 그는 덴마크 자연사박물관 거시생태진화기후연구소에서 일하며 생물종을 연구했다. 그는 자연이 원하는 상태가 생물종의 다양성이며, 인간이 섭취하는 단일 품종 위주의 먹거리가 대단위 회사들에 의해 어느 정도 길들여진 결과라고 지적한다. 이는 유전자 조작 먹거리의 대량 생산 전략을 펴는 다국적 식품회사에 대한 이의 제기와 맞닿아 있다.

캐번디시종으로 대체된 바나나는 아직은 싸게 사 먹을 수 있는 과일이다. 하지만 생물의 종 다양성이라는 근원적인 명제가 완전히 잊혀진다면, 그때는 바나나 제국만 몰락하는 게 아닐 수도 있다.

천국의 날씨와 도심 숲길

평화

초가을 남해는 지중해 물빛이다. 햇살이 사금파리처럼 부서지는 바다 위로 파란 물감을 들이부은 듯한 하늘도 그렇다. 짙은 군청색과 맑은 푸른색을 섞은 아청빛 색감. 바다와 하늘이 동시에 빚어낸 색채의 향연이다.

가천 다랭이마을에서 앵강다숲 쪽으로 이어지는 바래길 풍경도 상큼하다. 바래길은 남해 섬을 한 바퀴 걸어 도는 해안도로. '바래'는 이곳 토속어로 썰물 때 갯벌과 바위에서 바지락과 해산물을 채취하는 일을 말한다. 젊은 아낙들의 땀내와 젖내음이 함께 밴 그 길을 따라 해안선이 부드럽게 휘어지며 낭창거린다.

가을 볕에 알곡들이 여물어가는 들판을 지나 층층계단 논둑길을 오르니, 맑은 하늘에서 유리알 같은 햇살이 쨍 떨어진다. 조금 있으면 산언덕 밭두렁 사이로 억새꽃이 은색 군무를 출 것이다. 남해 금산 활엽수림도 곧 단청옷을 입으리라. 물건방조어부

림의 숲소리며 송정 솔바람해변의 물소리는 또 얼마나 정겨울지.

초가을 풍경은 어디서나 아름답다. 추일서정(秋日抒情)의 우수와 고독도 멋스럽다. 이 무렵 평창 봉평에선 메밀꽃이 산언덕을 하얗게 수놓는다. 소금을 뿌린 듯 하얀 꽃밭이 '흐붓한 달빛에 숨이 막힐 지경'이다. 인제 산골의 자작나무 숲에서는 갈바람에 백화(白樺)잎 나부끼는 소리가 사각거리고. 만산홍엽(滿山紅葉)의 물결은 꽃천지보다 붉다.

발끝에 와닿는 산길의 감촉은 얼마나 산뜻한가. 늦여름 물기 다 빼고 마알갛게 몸을 말린 바위를 타고 오르는 산행의 진미. 아침저녁으로 바뀌는 산의 빛깔과 호젓한 숲길의 낭만은 이즈음 누릴 수 있는 최고의 풍요다. 개암과 도토리 열매가 떨어지는 소리를 들으며 다정한 사람과 함께 걷는 길이면 더욱 좋다. 발그레하게 단물 드는 사과와 포도의 과즙처럼 달콤한 호사라니!

춘천에선 봄내길을 굽이돌며 유유자적할 수 있다. 양평 물소리길과 소백산 자락길, 동해 해파랑길, 부산 갈맷길, 경북 외씨버선길 등 수많은 걷기 코스가 전국에 있다.

유난히 하늘이 높고 푸르른 날, 코끝을 간지르는 바람의 내음과 색깔도 다르다. 가을바람에는 낙엽 태우는 향기가 묻어 있다. 구름은 맑고 공기는 청명하다. 천국의 날씨가 따로 없다. 그 속으로 한 마리 새가 푸른 금을 그으며 날아간다.

황금 연휴의 초입에 떠나지 못한 사람들은 상념에 젖는다. 그 사이로 비가 내리고, 도심의 가로수 잎이 빗방울에 젖는다. 비를 끝으로 가을은 금방 붉어 올 것이다.

인왕산 자락에서 수성동 계곡으로 이어지는 길이 고즈넉하다. 수성동 계곡은 겸재 정선의 〈인왕제색도〉 배경이 된 곳으로 그림처럼 아름답다. 완만하게 오르내리는 숲속 길이 정겹게 굽이지고, 정자와 바위 사이로는 물길이 맑게 흐른다. 사직단 입구에서 수성동 계곡을 거쳐 윤동주 시인의 언덕과 윤동주 문학관까지 3.2킬로미터 거리에 1시간 30분이면 충분하다.

북쪽으로 방향을 틀면 세검정 계곡숲길이 나온다. 홍제천 상류 세검정에서 숲이 울창한 백사실 계곡과 북악산 오솔길로 연결되는 코스다. 세검정 안내판에서 정선의 부채 그림 〈세검정〉도 만날 수 있다. 인근 북악 스카이웨이의 북악하늘길과 팔각정을 연결하는 산책로도 멋지다.

경복궁 서쪽으로 국립고궁박물관을 끼고 도는 효자로와 경복궁 동쪽의 삼청로~삼청공원, 창덕궁과 종묘를 잇는 돈화문로 또한 좋다.

노란 은행잎이 깔린 정동길은 전통의 데이트 명소다. 캐나다대사관 앞 550년 된 회화나무를 가까이에서 올려다보면 색다른 정취를 맛볼 수 있다. 서대문구 안산도시자연공원에는 잣나무 숲길과 숲속무대메타길이 펼쳐지고, 강북구 솔밭근린공원과 북한산 둘레길에는 소나무숲이 무성하다. 동대문구 배봉산공원 황톳길에서는 신발을 벗고 맨발 산책을 즐길 수 있다. 경부고속도로변 서초구 길마중길은 굵은 모래를 깔아 한껏 멋을 더한다.

관악구 관악로의 자작나무 가로수길과 강남구 대모산 둘레길, 서초구 양재천 영동1교와 2교 사이 '연인의 길'이 운치를 더한다. 홍익대 인근 경의선 철길과 공릉동의 경춘선 숲길공원에서도 도심의 낭만을 즐길 수 있다.

하늘 높이 솟은 메타세쿼이아의 매력에 빠질 수 있는 곳도 많다. 서울숲과 상암 월드컵공원, 강서둘레길 2코스의 서남환경공원, 서초구 태봉로의 메타세쿼이아 산책로가 인기다.

남산공원 순환로를 따라 활엽수와 상록수의 가을 정취를 느끼고 N서울타워에서 멋진 야경을 볼 수 있다. 남산도서관 옆 소월 시비에 새겨진 〈산유화〉 한 구절을 읊조리면서 호젓하게 남산길을 걸어 보자.

이런 날 도심 숲에서 듣는 릴케의 가을 노래도 의미 있다. 가을비가 그치기를 기다리는 동안에는 더욱 그렇다.

'이틀만 더 남국의 햇볕을 베풀어 / 과일들의 완성을 재촉하시고, 독한 포도주에는 / 마지막 단맛이 스미게 하소서.'

서리 맞은 가을 단풍이 봄꽃보다 붉구나

설악산 단풍 소식에 마음이 먼저 붉어진다. 유난히 붉은 당단풍 나무가 많기 때문일까. 설악의 가을은 산 전체가 홍엽(紅葉)이다. 대청봉 마루를 빨갛게 적신 물감이 계곡 아래로 흘러내리는 동안 산에 드는 사람의 마음도 덩달아 붉어진다. 시인 백석이 '빨간 물 짙게 든 얼굴이 아름답지 않으뇨 / 빨간 정 무르녹는 마음이 아름답지 않으뇨 / 단풍 든 시절은 새빨간 웃음을 웃고 새빨간 말을 지줄댄다'고 한 까닭을 알 것 같다.

설악 단풍은 해발 1,500미터 이상인 대청, 중청, 소청봉 일대를 물들이며 절정으로 치닫는다. 단풍 명소로 꼽히는 한계령~대청봉 코스와 공룡능선, 남설악을 굽어보는 흘림골, 기암절벽이 늘어선 천불동 계곡이 특히 붉겠다.

오대산 단풍도 곧 불붙는다. 온 산이 다양한 활엽수종으로 덮여 있는 오대산은 오렌지색과 노란색 등 은은한 색감을 자랑한다.

내장산은 서울 근교 북한산보다 닷새 정도 늦게 물들기 시작해 11월 첫 주쯤 완전히 붉어진다. 갓난아이 손처럼 작고 예쁜 애기단풍이 내장산의 가을 특미다. 최고의 감상 포인트는 주차장에서 내장사에 이르는 단풍 터널이다.

충남 계룡산 갑사계곡도 '춘마곡 추갑사(봄에는 마곡계곡, 가을

엔 갑사계곡)'라는 이름만큼 빼어나다. '5리 숲'으로 유명한 갑사 진입로와 용문폭포 주위가 일품이다.

지리산 피아골 단풍은 연주담~통일소~삼홍소 구간을 으뜸으로 친다. 삼홍(三紅)은 온 산이 붉게 타서 산홍, 단풍이 맑은 담소에 비쳐서 수홍, 그 품에 안긴 사람이 붉어서 인홍이라고 해서 생긴 이름이다. 경북 청송 주왕산과 전남 해남 두륜산, 경기 포천 국립수목원, 가평 아침고요수목원, 강원 홍천 은행나무 숲에서도 만추의 풍광을 즐길 수 있다.

어디 산행뿐이겠는가. 양재 시민의 숲 등 '서울의 아름다운 단풍길 83선'도 좋다. 삼청동길과 덕수궁길, 소월길, 뚝섬 서울숲, 아차산 자락길, 중랑천 제방길, 우이천, 도봉산길, 북한산길, 홍제천로, 하늘공원, 안양천 제방길, 보라매공원, 송파나루공원 등 숨은 명소가 많다.

당나라 시인 두목은 '서리 맞은 단풍이 봄꽃보다 붉다'고 했다. 이 가을 세상사 시름 다 내려놓고, 꽃보다 붉은 단풍에 흠뻑 젖어나 볼까.

나무 심는 CEO를 위한 책

'걸음아, 날 살려라' 모임

《산책 외》, 헨리 데이비드 소로 지음

나와 가까이 지내는 동료 한 사람은 공부 모임 멤버들과 함께 2주일에 한 번씩 산을 오르거나 동네길을 걷는다. 자기들끼리 '걸음아, 날 살려라 프로젝트'라고 이름도 지었다. 언론인, 교수, 판사, 작가 등 저마다 바쁜 직업을 가졌는데도 어김없이 모인다.

우리나라에는 걷기 좋은 길이 많다. 문학관과 박물관, 전시관, 갤러리, 농원 등 아름다운 장소와 맞닿아 있어 더욱 좋다. 올레길과 둘레길, 바래길, 자락길 등 이름도 다양하다. 강변에는 자전거도로까지 닦여 있다. 이제 산책이나 등산을 안 해서 못 하지, 못 해서 안 하는 사람은 거의 없다. 가히 산책 공화국, 걷기 천국이라 할 만하다.

헨리 데이비드 소로도 산책의 명수였다. 그는 산책에 관한 글을 두 편 남겼다. 〈산책〉과 〈겨울 산책〉이 그것이다.

〈산책〉을 보면 이런 내용이 담겨 있다. 그는 집 문 앞에서 시작해 어느 길도 가로지르지 않고 몇 마일을 쉽게 걷는다. 강을 따라 걷기 시작해 시내를 지나 풀밭과 숲 언저리를 따라 걷는다. 그는 산책을 하며 깨닫는다. 인간과 인간사, 교회와 국가와 학교, 교역과 거래, 제조업과 농업, 가장 걱정스러운 정치까지 이 모든 것들이 풍경 속에서 너무도 작은 공간을 차지하고 있음을.

또 다른 글 〈겨울 산책〉에는 읽는 이가 소로와 함께 산책을 하고 있는 듯한 생생한 풍경이 그려진다. 먼 숲 사이로 떠올라 멀리 있는 서쪽의 산을 미끄러지듯 지나가는 태양의 모습, 냅킨같이 깨끗한 하얀 눈 속에 몸을 숨기고 있는 썩은 나무 그루터기, 이끼 낀 돌과 난간, 말라 죽은 가을 낙엽. 황량한 들과 딸랑딸랑거리는 숲속에서 소로는 미덕을 발견한다.

걸으면서 별 생각을 다 해보고, 또 별 생각을 안 해보기도 하는 것 같다. 생각을 정리하고 마음의 평화를 얻는 데 걷기만큼 좋은 건 없다.

책 속의 책

- 라인하르트 오스테로트 지음, 《세상의 나무》, 이수영 옮김, 돌베개
- 이선동·박영칠 지음, 《한약 독성학 1》, 한국학술정보
- 허두영 지음, 《명품 불멸의 법칙》, 들녘
- 최재천 지음, 《생태적 전환, 슬기로운 지구 생활을 위하여》, 김영사
- 데이비드 조지 해스컬 지음, 《숲에서 우주를 보다》, 노승영 옮김, 에이도스
- 스테파노 만쿠소 지음, 《식물, 세계를 모험하다》, 임희연 옮김, 더숲
- 정계준 지음, 《노거수와 마을숲》, 경상대학교출판부
- 이가라시 다이스케 글·그림, 《리틀 포레스트》, 세미콜론
- 자크 타상 지음, 《나무처럼 생각하기》, 구영옥 옮김, 더숲
- 헬렌 니어링·스콧 니어링 지음, 《조화로운 삶》, 류시화 옮김, 보리
- 스테파노 만쿠소·알레산드라 비올라 지음, 《매혹하는 식물의 뇌》, 양병찬 옮김, 행성B이오스
- 린다 그래튼·앤드루 J. 스콧 지음, 《뉴 롱 라이프》, 김원일 옮김, 클
- 장 지오노 지음, 《나무를 심은 사람》, 김경온 옮김, 최수연 그림, 두레
- 폴커 아르츠트 지음, 《식물은 똑똑하다》, 이광일 옮김, 들녘
- 헨리 데이비드 소로, 《월든》, 전행선 옮김, 더클래식
- 다니엘 G. 에이멘 지음, 《뇌는 늙지 않는다》, 윤미나 옮김, 브레인월드
- 헬렌 니어링 지음, 《아름다운 삶, 사랑 그리고 마무리》, 이석태 옮김, 보리
- 조지프 코캐너 지음, 《잡초의 재발견》, 구자옥 옮김, 우물이있는집
- 예른 비움달 지음, 《식물 예찬》, 정훈직·서효령 옮김, 더난출판사
- 정혜경 지음, 《발효 음식 인문학》, 헬스레터
- 정계준 지음, 《야생벌의 세계》, 경상대학교출판부
- 윤석철 지음, 《경영 · 경제 · 인생 강좌 45편》, 위즈덤하우스
- 레나토 브루니 지음, 《식물학자의 정원 산책》, 장혜경 옮김, 초사흘달
- 박영홍 지음, 《우리말과 한자어》, 백암
- 헤르만 헤세 지음, 《정원 가꾸기의 즐거움》, 배명자 옮김, 반니
- C. S. 루이스 지음, 《헤아려 본 슬픔》, 강유나 옮김, 홍성사

- 홍쌍리 지음, 《행복아 니는 누하고 살고 싶냐》, 농민신문사
- 이상 지음, 《산촌여정》, 권영민 엮음, 태학사
- 이효성 지음, 《계절 탐구》, 시간의물레
- 윤후명 지음, 《꽃》, 문학동네
- 이남숙 지음, 《당신이 알고 싶은 식물의 모든 것》, 이화여자대학교출판문화원
- 롭 던 지음, 《바나나 제국의 몰락》, 노승영 옮김, 반니
- 헨리 데이비드 소로 지음, 《산책 외》, 김완구 옮김, 책세상

나무 심는 CEO

1판 1쇄 인쇄 | 2022년 7월 4일
1판 1쇄 발행 | 2022년 7월 15일

지은이 | 고두현
발행인 | 김기중
주간 | 신선영
편집 | 민성원, 정은미, 백수연
마케팅 | 김신정, 김보미
경영지원 | 홍운선

펴낸곳 | 도서출판 더숲
주소 | 서울시 마포구 동교로 43-1 (04018)
전화 | 02-3141-8301
팩스 | 02-3141-8303
이메일 | info@theforestbook.co.kr
페이스북·인스타그램 | @theforestbook
출판신고 | 2009년 3월 30일 제2009-000062호

ISBN | 979-11-92444-19-2 (03320)